たまさんの食べられる庭

自然に育てて、まるごと楽しむ

中川たま

はじめに

この土地に引っ越して約4年半。
引っ越してきたばかりは、梅、松、椿といった
日本を象徴するような木が植えられた庭は
ふきやどくだみが自生している以外の
多くの地面が砂利で覆われており
いささか殺風景で寂しい印象でした。

そこで、私たちはまず砂利を少しずつ取り
その下で窮屈にしていたであろう草花を
よみがえらせるところから始めてみました。
かたくなっていた地面には、
緑肥としてクローバーの種をまきました。

そして、愛してやまない果樹や
この庭で一緒に暮らしたい植物たちを
少しずつ求めて植え始めました。

経験も知識もほぼありませんが
太陽や雨、季節の恩恵を受けながら
畑ではなく庭で、できる範囲で
シンプルに育てていければ、と。
まだまだ始めたばかりで
すべてうまくいっているわけではありませんが
私の理想の食べられる庭に
少しずつ近づければ、と思っています。

たまさんの庭

庭の全景をご紹介します。
日当たりのいいプランターには
季節ごとに苗を植えています。
私が植えた野菜、果物、ハーブと
古い木や自生の植物が
仲よく育つ庭です。

コンポスト
ジャスミン
むかご
どくだみ
利休梅
柑橘類

ジューンベリー

ブルーベリー

梅

すだち

レモン

湘南ゴールド

金柑

柚子

甘夏

ふきのとう

どくだみ

しそ

フェンネル

ミント

きゅうり

ミニトマト

芽キャベツ

カリフローレ

contents

たまさんの食べられる庭　もくじ

春の庭　14

初夏の庭 38

夏の庭 70

冬の庭 124

レシピのお約束

・小さじ1は5㎖、大さじ1は15㎖、1カップは200㎖です。
・保存食は容器をアルコールや煮沸で消毒した清潔なものを使ってください。保存期間は目安です。
・オーブンの焼き時間は目安です。機種によって違いがあるので、様子を見て調整してください。

たまさんの庭のルール

1 自然のままに

植物たちは、季節がめぐると
いいタイミングでちゃんと芽吹いてくれます。
あせらず、植物のリズムを知り、
適切な場所で、自然体に。

2 少しだけ

恵みの雨とお日さまの光に勝るものはなく、
私は少し潤いを与えるだけ。
植物に光と風が行き渡るよう少し整えるだけ。
あとは植物の力を信じて。

3 無駄なくいただく

化学肥料など使わず
無事に育った植物は、一層いとしく
実はもちろん、皮なども余すことなく
まるごと使い切るよう心がけます。

春の庭

早春。
この家に引っ越して3回目の春が訪れようとしています。
敷地の一部に、去年の冬からコツコツと
主人ががんばって建てた小さなアトリエが完成しました。
庭の面積は減りましたが、
元から植えられていた木々を中心に
育ててみたかった果樹やハーブなどを
植物も私たちも心地よく感じられるように
ちょこちょこと植え始めてみました。
植物は、どんなときもめぐることを知っていて
また今年の春も少しずつ芽吹き始めました。

春の庭仕事

朝夕はまだ肌寒いですが、
暖かい季節に向けて、種をまき、苗を植えました。
今まで育てたことのない植物にもチャレンジ。
日当たりや、水やりのしやすさも考えて。
無事に育ってくれますように。

野菜の苗を植える

あれば重宝しそうなルッコラ、つるがかわいいスナップえんどうの苗をホームセンターで見つけました。車の目隠し用に作った大きなプランター。レモンを植えた裏側にも作ってもらってさっそく植えてみました。

ハーブの種をまく

ハーブの中でもとくに好きなディルとコリアンダー、ルッコラのオーガニックの種を見つけました。紙製の卵パックがいい仕切りになってくれそうなので利用することに。ふかふかにならした土を敷き、小さな小さな種をまいてみます。

みょうがの苗を植える

みょうがの生命力は強く、暗くて日が当たりにくいデッドスペースでも根付いて、毎年春と秋に収穫できると聞いたので、わが家の日陰で植えてみることに。さてさて、どうなることやら!?

ほたるいかとうるいのサラダ
→ *page. 23*

ふきの葉のナムルのおにぎり
→ *page. 24*

春の食卓

料理の主役はふき。
ふきのとう、ふきの葉と茎。余すことなくいただきます。

ふきのとうのオイル漬け
→ *page. 22*

ふきのだし漬け
→ *page. 25*

ふき、ふきのとう

食べるのはもちろん、器としても楽しむ

春の訪れをいち早く教えてくれるふきのとう。まだまだ寒い日も多い早春、庭の隅をよーく見ると、つぼみが地面から顔を出していると思ったら、あれよあれよという間に大きくなり、花が咲き、毎年１００個以上はできています。放っておくと花が開き、こぶし大くらいに育ち、そうなると苦みが増してくるので、あまり開いていないときに、おすそわけしたり、来客の方に採っていってもらったり。出始めは、天ぷらにして早春の味を楽しみ、いささか続くとふきのとうみそにしたり、オイル漬けにしたりと保存食にして楽しみます。

ふきのとうの時期が終わると、ふきの葉や茎がどんどん伸びてきます。やわらかい春先の茎は、アクも少なく透明感ある仕上がりに。少し太くかたくなってきたら、きゃらぶきのようなしっかりと炊く甘辛い佃煮に。葉も小さくやわらかいうちにナムルや塩漬けにしておくと便利です。大きくかたくなった葉は、器としておにぎりや汁けの出ないおかずや和菓子を盛りつけたりして楽しんでいます。

春の体の目覚めにいい山菜を暮らしに取り入れて、暖かい季節に向けてスタートしたいですね。

【たまさんの園芸メモ】

自生していて、お手入れは必要なし。ふきのとうの出る2～3月はせっせと収穫します。夏にかけて大きく茂り、秋冬はボリュームダウン。何もしなくても恵みをくれるありがたい山菜。

ふきのとうのオイル漬け

オイルに漬け込んだふきのとうは、
ほろ苦さと香りが
閉じ込められています。
万能の春の調味料。

材料（作りやすい分量）
ふきのとう…10個
塩…適量
オリーブオイル…適量

作り方

1 ふきのとうは流水でよく洗うⓐ。

2 鍋にたっぷりの湯を沸かし、塩ひとつまみとふきのとうを入れるⓑ。2分ほどゆでてざるに取る。

3 水けを絞って、粗みじん切りにするⓒ。

4 保存容器にふきのとうと塩ひとつまみ強を入れ、オリーブオイルをひたひたに注ぎⓓ、混ぜ合わせる。

ⓐ

ⓑ

ⓒ

ⓓ

ほたるいかとうるいのサラダ

ほたるいかのうまみやうるいの食感をふきのとうのオイル漬けがつないでくれる早春の一皿です。

材料（2人分）

ほたるいか（ボイルしたもの）… 10～12個
うるい（半分に切る）… 5～6枚
ふきのとうのオイル漬け（p.22参照）… 適量

作り方

器にほたるいか、うるいを盛りつけ、ふきのとうのオイル漬けを回しかける。

ふきの葉のナムルのおにぎり

女の人の手のひらサイズの、まだやわらかいふきの葉を韓国風に漬けて、おにぎりに巻いてみました。

材料（10個分）

〈ふきの葉のナムル〉

ふきの葉（小さめの若いもの）…10枚

塩…適量

ごま油…適量

しょうがのすりおろし…1片分

ごはん、白いりごま…各適量

作り方

1 鍋にたっぷりの湯を沸かし、塩ひとつまみを加え、さっと混ぜたらふきの葉を入れて1分ほどゆでる。ざるに取り、水けをペーパータオルでしっかりふき取る。

2 容器にごま油、**1**、塩少々、しょうがの順に入れ、重ねて漬けていくⓐ。

3 小さめに握ったおにぎり10個を作り、**2**のふきの葉を巻き、いりごまをふる。

＊**2**のナムルの状態で冷蔵で1週間ほど保存可能

ⓐ

ふきのだし漬け

新鮮なふきの茎はアクが少ないので、
短いゆで時間で歯応えよく。
だしをきかせ、透明感ある仕上がりに。

材料（作りやすい分量）
ふきの茎…3〜4本
塩…適量
だし汁（昆布とかつおぶしでとったもの）
…1カップ

作り方

1 ふきの茎は使いやすい長さに切り、まな板にのせて塩大さじ1強をふる。手のひらでゴロゴロと転がしながら、こすり合わせて板ずりする。

2 鍋にたっぷりの湯を沸かし、**1**を塩がついたまま入れ、細いものは3分、太いものは5分ほどゆでる。

3 ざるにあげて水けをきり、皮をむく。端から2〜3㎝の皮をぐるっと1周むき、それをまとめて一気に引くとむきやすい。

4 だし汁に塩少々を加えたものに3〜4時間漬けるⓐ。

ⓐ

甘夏、湘南ゴールド

ようやく手に入れた大事な宝物

庭に場所があったら、いつか植えたいと思っていた夏みかん。近辺の三浦、湘南では、庭に植えられた夏みかんや甘夏といったオレンジ色の大きめの柑橘をよく見かけます。引っ越しをして、ようやく植えられると思い、いざ樹木を探してみるとあれ？見かけない。ホームセンターでは、レモンや柚子などしかなく、少し遠い所の大きな園芸の生産者市に行ってみてもあまり見かけない。生産者の方に聞いてみると、夏みかんや甘夏は酸っぱくて最近は人気がなく、販売しても売れないので出していないとのこと。

葉山でよく夏みかんを見かける理由は、上皇陛下がご成婚の際に、御用邸のある葉山に記念樹として配られたからだとか。そんなお話を聞きながら、やっぱり欲しいことを伝えると、次回の市のときに甘夏なら持ってきていただける運びとなり１５０センチの私の身長程度の甘夏の苗木を手に入れることができました。その後、逗子に年に2回やって来る生産者市で、あまり市場に出回らないという湘南ゴールドの木も見つけ、2本を並べて植えました。

秋から少しずつふくらんで、春には果汁たっぷりの実をつけてくれるかわいい子たち。無駄にせず、まるごといただけるように考えるのもまた楽しいものです。

【たまさんの園芸メモ】

生産者の方に日当たりのいい場所を見てもらって植えました。水やりはまめにしますが、私は肥料的なものはあげず、たまに米のとぎ汁を与えるくらいです。去年は甘夏が、今年は湘南ゴールドがたくさん実ったりと年によってムラはあります。

甘夏とチーズのデザート

ぎゅっと酸味の強い甘夏は、はちみつをまとわせ、
相性のいい乳製品と合わせると、
おやつにも、ワインにも合う一皿に。

材料（2〜3人分）

甘夏…1個
ブッラータ…1個
はちみつ…大さじ1
粗塩…少々

作り方

1 甘夏は薄皮をむき、食べやすくほぐす。

2 器にブッラータを盛り、その上に**1**をのせ、はちみつを回しかけて塩をふる。あればエディブルフラワー（分量外・写真はアスパラ菜の花）を散らす。

柑橘のピールキャンディ

庭の甘夏は皮まで元気。
ほろ苦さが癖になり、つい手がのびるような
ナチュラルキャンディをイメージしました。

材料（作りやすい分量）
柑橘（甘夏など）…1個
砂糖…ゆでた柑橘の皮の重量の40％+仕上げ用適量

作り方

1 柑橘は4等分に切り、果汁を搾る。白いわたを取り、皮は一口大に切る。

2 皮とたっぷりの水を鍋に入れて火にかける。沸騰したら火を弱め4分ほどゆでる。水を替えながら、3〜4回、皮がやわらかくなるまでゆでる。

3 たっぷりの水に4時間〜半日ほど、好みの苦さになるまでつける。

4 水けをきり、重量を量って、砂糖を用意する。砂糖と**1**の果汁、皮を鍋に入れて火にかける。沸騰したら弱火にし、汁けがなくなるまで煮詰める。

5 網に並べて表面が乾燥するまで乾かし、乾いたら砂糖をまぶし、保存容器に入れる。

＊常温で1カ月ほど保存可能

湘南ゴールドの酵素シロップ

バランスのいい甘酸っぱさは、庭のローズマリーと一緒に漬けて、酵素シロップにして楽しみます。お好みで皮を加えても。

材料（作りやすい分量）

湘南ゴールド…3個（約240g）
砂糖…湘南ゴールドの皮をむいた身と同量
ローズマリーやミントなど…適量

作り方

1 湘南ゴールドは皮をむく。身の重量を量り、同量の砂糖を用意する。5㎜厚さの輪切りにする。

2 保存容器に湘南ゴールドと砂糖を交互に重ねるように入れるⓐ。

3 ローズマリーやミントなどを加え、保存容器に入れ常温におく。1日1回手でかき混ぜる。砂糖が溶けてぷくぷくと泡が出てきたら飲みごろⓑ。だいたい7日目くらい。

＊こして冷蔵で1カ月ほど保存可能

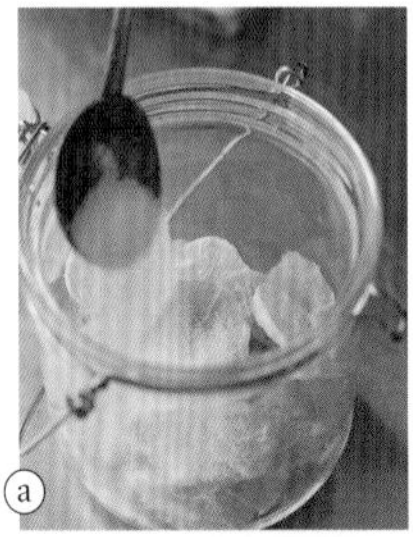
ⓐ

ⓑ

柑橘の皮のピクルス

皮が余るのが待ち遠しくなるくらい、いい仕事をしてくれるピクルス。
刻んでサラダやサンドイッチに。

材料

柑橘の皮…約150g（ここでは甘夏の皮1個分）
〈ピクルス液〉
酢…50㎖
水…100㎖
砂糖またははちみつ…大さじ1と½
ローリエ…1枚
ディルやローズマリーなど…適量（好みで）
粒こしょう…10粒
塩…小さじ¼

作り方

1 柑橘の皮は白いわたを薄くそぎ取り（全部取らない）、一口大に切る。

2 たっぷりの水を鍋に入れて火にかける。沸騰したら**1**を入れ、再び沸いたら弱火にして10分ほどゆで、水に30分ほどさらす。これをもう一度繰り返す。ざるにあげ、水けをペーパータオルでふく。
※ひと口食べてみて、皮がやわらかく、アクが抜けていればOK。皮がまだかたい場合は、さらにもう一回ゆで、アクが抜けていない場合は水にさらす。

3 鍋にピクルス液の材料をすべて入れ、ひと煮立ちさせる。粗熱を取る。

4 保存容器に**2**を入れ、**3**を注ぎ入れる。

*冷蔵で1カ月ほど保存可能

梅の花

香りを漬ける春の梅仕事

大きな梅の木は、わが家の庭のほぼ真ん中に立っています。初夏にはたくさんの実や葉をつけて楽しませてくれますが、秋から冬は葉が枯れ落ちて、静かなたたずまいをしています。よく見ると、晩冬のころから少しずつ芽吹き、細い枝からかわいらしい、やさしいピンクのつぼみが少しずつふくらんできています。空に向かって伸びゆく春の梅の木に、鳥たちも寄ってきます。もうすぐ咲きそうなくらいふくらんでいるつぼみがついた細い枝が、春一番の強風で折れて落ちていました。拾ってにおいを嗅いでみると、ふわーっと甘い香りが。初夏のような梅の実の香りとは違って、桜の花のようなバラの花のような、少しエキゾチックな香りもしました。

桜の花は塩漬けやシロップにできるのだから、梅の花もできるのではと思い立ち、作ってみることに。多くの花を取ってしまうと、梅の実が減ってしまうため1びん分のシロップにするひとつかみ程度の花を摘み、シロップ液に漬けてみました。すると梅の花の香りが瞬く間にシロップに移り、上品なデザートに展開できるようなシロップができ上がりました。梅の実の収穫が少し減ってしまいますが、梅の花の香りの虜《とりこ》になってしまったので、シロップも毎年の春の手仕事として作ろうと思います。

〔たまさんの園芸メモ〕
樹齢はわかりませんが、普通の梅と小梅の2本の木があります。小梅は1月末から、普通の梅は2月末から、白い花が咲き始めます。全方向から日が当たるので、まんべんなくきれいに花が咲きます。

梅の花のシロップ

シロップに漬けておくだけ。
つぼみから咲きかけくらいのものを使うと、
香り高く仕上がります。

材料（作りやすい分量）

梅の花…ひとつかみ程度
水…1カップ
砂糖…20〜30g

作り方

1 梅の花はやさしく、そっと洗う。

2 鍋に水と砂糖を入れて火にかけ、ひと煮立ちさせて砂糖を溶かし、粗熱を取る。

3 保存容器に**1**と**2**を入れてよく混ぜ合わせ、冷蔵庫で保存する。

＊冷蔵で1カ月ほど保存可能

梅の花のシロップの杏仁豆腐

やわらかめの杏仁豆腐とともに。
少しエキゾチックな香りが移ったシロップは、
杏仁の香りとも相性よしです。

材料（4人分）

板ゼラチン…6g
牛乳…2カップ
杏仁霜…大さじ1と½
砂糖…大さじ2
梅の花のシロップ…適量

作り方

1 板ゼラチンは水につけてもどす。

2 鍋に水けを絞ったゼラチンと、半量の牛乳、杏仁霜、砂糖を入れて火にかける。ゼラチンと砂糖が溶けたら火からおろし、残りの牛乳を加えてよく混ぜる。

3 **2**を容器に流し入れ、冷蔵庫で冷やし固める。

4 器に**3**をスプーンですくって入れ、梅の花のシロップを回しかける。

column 01

お酒で楽しむ庭

お酒はそんなに強くないので、香りを楽しめるお酒として、庭の恵みと組み合わせて使っています。

8カ月経過したもの

レモンと甘夏のパディドランジェ

リモンチェッロ（イタリアのレモンリキュール）のように柑橘を漬け込むのではなく、吊り下げて風味を楽しむ、柑橘のリキュールです。

消毒した清潔な保存びんに、ウォッカやスピリタスなど度数の高いお酒を注ぎⓐ、柑橘の中心にたこ糸を通してⓑ、バランスが取れるように中心で一度結び、びんのふたに結んでⓒ、アルコールにつかないよう浮いている状態にしますⓓ。半年以上たったら柑橘を取り出し、リキュールとして使えます。

ハーブフレーバーのワイン

お好みのワインにハーブを加えたフレーバーワインです。白ワインやスパークリングワインならレモンバーベナ、レモンバーム、ミント系のさわやかなハーブを合わせてよりすっきり軽い飲み心地に。

赤ワインやロゼなら、ローズマリーやローリエ、松葉などで森のような香りを移すのもいいでしょう。ホットにするとより豊かな香りが広がります。

初夏の庭

5月半ば、日に日に気温が上がり、お天気にも恵まれ、
ふと庭を見渡せばどこもかしこも新緑に囲まれ、
すがすがしい気持ちにさせてくれます。
どくだみ、ジャスミン、レモン、ベリーの香り高い花も咲きだし、
みつばちたちも頻繁に来るように。
庭のあちらこちらに元々植えてあったもの、
自分たちで植えたもの、
はたまたご近所さんから風に乗ってやって来たもの。
そんな植物たちの恵みの収穫祭がいよいよ始まります。

初夏の庭仕事

目まぐるしく成長してくれる植物たち。
ちょうどいい時期を見はからって、
収穫したり、植えたり。
朝と夕に水やりをして、潤いを与えます。

春にまいた種から芽が

ハーブの種からかわいいかわいい芽が出てきました。水は様子を見ながら、少なすぎず与えすぎず。種から育てるってなんだか子育てのよう。忘れっぽい私でも欠かさずお世話できるように小窓からでも水やりができる場所にしました。日当たりにも恵まれました。

梅の収穫

庭の敷地に、収穫できる小梅と普通の梅の木があります。小梅は手で取れる高さですが、普通の梅は5メートルほどある大木で、枝切りばさみを使ったり、脚立を使ったり、揺らして落としたり。毎年、わが家の一番のがんばりどころの庭仕事です。

夏野菜の苗を植える

水やりをしにくい場所に植えたり、育てにくい植物だったり、できた野菜を動物に食べられたりといった去年の反省を踏まえつつ、今年はきゅうり、ミニトマト、2種類の唐辛子・ハラペーニョと万願寺唐辛子と、育てやすいもの、保存しやすいものを植えました。

笹の葉ずし
→ page. 46

初夏の食卓

梅雨の湿気や蒸し暑さから守ってくれる、笹の葉や酸味をうまく食卓に取り入れて、心軽やかな昼食を心がけて。

ルッコラと柑橘の皮のサラダ
→ page. 51

スナップえんどうとそら豆のサラダ
→ page. 51

甘酢しょうが

笹の葉

梅雨の食卓を助けてくれる存在

大きな梅の木の下一面に、笹の葉がわんさか自生しています。

昔、友人と3人でおにぎりのケータリングの仕事をしていたとき、おにぎりの下に敷くために、笹の葉をたくさん購入していたけれど、この土地に早く出合いたかった、とこの前ふと思い出しました。笹の葉はデコレーションに使えるだけでなく、防腐効果や殺菌作用もあります。

ここへ引っ越してきてよく作る、簡単な笹の葉ずし。食べやすい大きさに握った酢飯に笹の葉をくるっと巻いただけですが、おもてなしにお出ししたり、保存もできるので、傷みやすい梅雨どきには助かります。また、お団子を笹の葉にくるんで蒸し上げると、青々とした香りが広がり楽しめます。わが家では笹団子をもっと簡単にしたちまきを作ります。

笹の葉茶も簡単にできます。適当な大きさに切ってざるなどに入れ、通気性のよい所に置いて乾燥させて保存しておき、ひとつかみつかんで煮出します。ミネラルやビタミンを含み、昔から民間薬としても幅広く使われてきた、優れた効能をもつ笹の葉。困ったときに助けてくれる存在です。

【たまさんの園芸メモ】
笹の葉は成長してくると、葉のまわりが白くなってきてかたくなります。お茶やおすしには青々としたやわらかい葉が使いやすいです。初夏はみずみずしい葉が多く、冬は白っぽいものが多くなります。

笹の葉ずし

防腐効果はもちろん、酸味のきいたおすしと
フレッシュな笹の葉の香りがさわやかなごちそうに。

材料（10個分）

笹の葉（小さめのもの）…10枚
酒…少々
昆布…8cm四方2枚
旬の刺身（ここではいさき）…5切れ
酢飯…ごはん約1合分
木の芽…5枚
みょうがの甘酢漬け（縦半分に切る）…5個

作り方

1 ペーパータオルに酒をしみ込ませ昆布の表面をふく。昆布に刺身を並べて、もう1枚の昆布をのせ、ラップで包み3〜6時間冷蔵庫におく。

2 手水をつけながら、酢飯を食べやすい大きさに、握りずしのように握る。10個作る。

3 **2**の半分に**1**の昆布締めをのせ、木の芽をのせて笹の葉で巻くⓐ。残りはみょうがの甘酢漬けをのせて、同様に笹の葉で巻く。

豆腐ちまき

笹の葉と一緒に蒸すと、香りがよりしみ込みます。形もかわいい、ひと口サイズのちまき。

材料（10個分）

笹の葉（小さめのもの）…10枚

絹ごし豆腐…50g

白玉粉…50g

上新粉…10g

きび砂糖…10g

作り方

1 ボウルに笹の葉以外の材料を入れ、なめらかになるまでよくこねる。10等分にし、楕円形に丸める。

2 笹の葉の茎に近いほうに**1**をのせ、葉先をかぶせるⓐ。

3 蒸気の上がった蒸し器に入れ、中火で10分ほど蒸すⓑ。

ⓑ

ⓐ

スナップえんどう、そら豆

初めて育てた、いとしい豆たち

春野菜の中でもとくに好きな、スナップえんどうとそら豆。自分で育てたらたくさん食べられるのでは？ なんて食いしん坊の欲をかき、育ててみることに。

早春に、苗を少しずつ買ってみました。買ってきたときは、まだ10センチに満たない程度でしたが、スナップえんどうは細いつるがぐんぐん伸びてくるので、支柱を立てて、そこにつるが巻くようにしました。

毎日お水をあげ、気温にも恵まれ、本当によく伸びました。そのうち、白い可憐な花が咲きだしたと思ったら、さやができ始めました。初めは絹さやのような薄い感じから、ぷっくりと中の豆がちゃんとふくらみ始めました。

そら豆は、育つ過程があまりわからないまま植えました。苗が日に日にしっかりと伸びてきたあるとき、紫と白のベルベットのようなきれいな花が咲いていました。まるでひらひらと蝶がとまっているようなたたずまいです。

そこからさやが少しずつ上向きにふくらんでくるという、想像とは違った実のつき方。ふかふかのベッドに包まれているような実は、それはそれは愛らしくて愛らしくて。この光景を見たくて、また来年も育ててみようと思います。

【たまさんの園芸メモ】
日当たりのいいプランターに植えました。土が乾かないように水やりはこまめに。どちらも花が咲いてから、3～4週間後には食べられる大きさに。一度にたくさんできるわけではないので、食べごろを摘んで少しずつ楽しみました。

ルッコラ

種から育て、葉も花も楽しむ

ルッコラはごまのような香ばしさが好きで、ほかの食材とも相性がいいのでよく食べます。冬に「eatrip soil」※で見つけたオーガニックのルッコラの種。育てやすいとパッケージに書いてあったので、私でも種から育てられるかな⁉ と思い購入してみました。

紙製の卵パックで発芽させ、5センチ程度の高さの葉が4、5枚の苗になるまで育ててから、プランターに植え替えました。本当に育てやすく、私でもたくさん育てることができました。多少虫に食われたりはありましたが、あまり気にしません。

葉は15センチ程度までならやわらかく、生食でいただきます。さらに葉が伸びると小さな白い花が咲きだします。花も葉同様、香ばしい香りとほろ苦さがあり、いただけます。また、花もたくさん咲くので乾燥させて種を取り、次回の種まきに使うことも。花が咲きだすと葉は細く、かたくなってしまうので、火を通しておひたしにしたりしています。庭にすぐ食べられる葉物があると、ちょっとサラダを食べたいときに重宝します。

〖たまさんの園芸メモ〗
3月末に種をまいて、10日くらいで芽が出て、2〜3週間後に茎が安定するようになったらプランターに植え替えました。5月中旬には食べられるように。一度収穫して、また伸び、もう一回おいしく食べられました。7月くらい、花が咲くころには葉がかたくなります。

※「eatrip」主宰の料理人・野村友里さんが手がける、全国の食材やキッチンアイテムを取り扱うお店。https://eatripsoil.com/

スナップえんどうと
そら豆のサラダ

お豆の味を引き出す、シンプルな味つけで、小さな収穫を大切にいただきます。

材料（作りやすい分量）

スナップえんどう、そら豆、塩、
オリーブオイル、
パルミジャーノレッジャーノ、
こしょう…各適量

作り方

1 スナップえんどうは筋を取り、そら豆はさやから取り出す。それぞれ好みのかたさに塩ゆでする。そら豆は、薄皮をむく。

2 豆を器に盛り、オリーブオイルを回しかけ、パルミジャーノレッジャーノをすりおろし、こしょうをふる。

ルッコラと
柑橘の皮のサラダ

春に仕込んだ柑橘の皮のピクルス。やさしい酸味がフレッシュなルッコラによく合います。

材料（作りやすい分量）

ルッコラ、オリーブオイル、
柑橘の皮のピクルス（p.31参照）、
塩、こしょう…各適量

作り方

1 ルッコラは食べやすい大きさに切ってボウルに入れ、オリーブオイルを回しかけて和える。

2 柑橘の皮のピクルスを食べやすい大きさに切って**1**に加え、塩、こしょうで味を調える。

梅の実

たくさんの収穫を無駄にしない工夫を

私は古い一軒家が好きで、逗子で住んだ5軒のうち、3軒の庭に梅の木がありました。どれも樹齢30年以上の大木なので、梅の実は毎年たくさん採れます。前の家は毎年40キロ以上収穫できました。今の家もそこまではありませんが、たわわに実ってくれます。去年は小さな小梅の木は知人と、大きな梅の木はこの本の撮影終わりにスタッフのみなさんと、無心に収穫して持って帰ってもらいました。

梅の実はすぐに食べられないため、保存容器の確保や消毒などの準備も頭において梅仕事の開始です。時間がおいしくしてくれる、漬けておくものが多く、またアレンジしやすいようにシンプルな材料、手順を毎年心がけています。

時間がないとき、あまりにもたくさん梅があるときは、なり口を取って保存袋に入れて冷凍しておき、余裕のあるときにシロップやジャムにします。黄色の完熟梅にする場合は、なるべく重ならないようにかごに入れて、室内の通気性のいい場所に置いておきます。黄色くなり、よい香りがしてきたら、使いごろです。

梅は、疲労回復や夏バテにもいいので、初夏に仕込んでおくと、盛夏の暑い日に本当に助かります。毎年梅の恵みに感謝です。

〖たまさんの園芸メモ〗

小梅はお隣さんのものでご厚意で実をいただいています。5メートル近くある普通の梅の木は、登ったり、脚立を使っても実を収穫できない場所があり、どんどん大きくなってくると風に吹かれて落ちてしまいます。落ちた梅も傷ができた所を取り除いて保存袋にためて冷凍しておけば、シロップなどにできます。

小梅の塩漬け

小梅を塩に漬けておくだけ。
干さなくても日持ちし、
時間がたつほどやわらかくなります。

材料

小梅…1kg
焼酎…大さじ4
塩…140g

作り方

1 小梅はよく洗い、水けをふいて、楊枝などでなり口を取る。ボウルに入れて、焼酎をまぶす。

2 消毒した保存容器に**1**、塩の順に1/3量ずつ入れるⓐ。表面をラップでぴっちり覆い、梅の2倍の重石をしてふたをする。

3 梅酢が上がり、完全に小梅が浸るようになったら重石を取り除く。

＊梅酢に浸っていれば常温で長期保存可能

ⓐ

青梅シロップ

一番多くする梅仕事。
砂糖の種類や量は、お好みで。
わが家の夏のドリンクには欠かせないシロップです。

材料（作りやすい分量）

青梅…１kg
きび砂糖…７００g

作り方

1 青梅は水にひと晩つけ、水けをふき取る。なり口を取りⓐ、竹串で実に10カ所ほど穴を開けるⓑ。

2 消毒したびんに**1**ときび砂糖を交互に入れる。

3 ときどきかき混ぜて、砂糖を溶かす。１カ月後くらいからが飲みごろ。

*常温で1年ほど保存可能

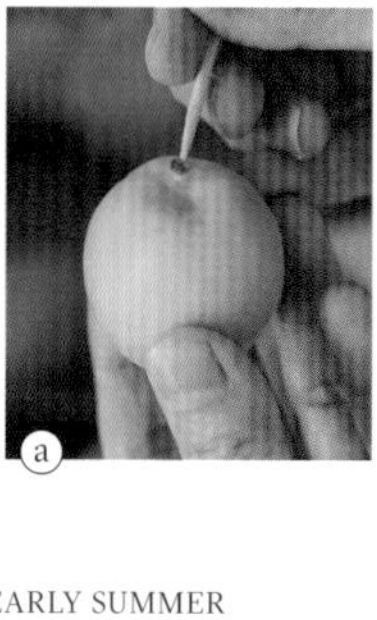
ⓐ

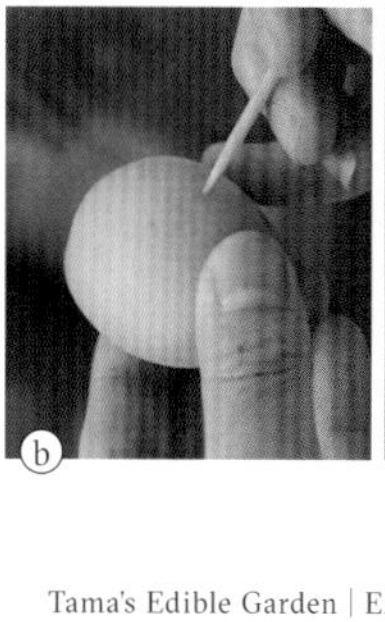
ⓑ

青梅のみそ漬け

傷ついた梅も傷んだ所をカットして使います。甘みそに漬けた梅の実もおいしいですが、梅エキスがしみ出したみそもお肉を漬けたり、ドレッシングにしたりと万能です。

材料（作りやすい分量）

青梅（実を適当な大きさに切り、種をはずしたもの）…200g
みそ…100g
きび砂糖…50g

作り方

1 ボウルにすべての材料を入れてよく混ぜ合わせるⓐ。
2 消毒した保存容器に入れる。1カ月後くらいからが食べごろ。

＊冷蔵で1年ほど保存可能

ⓐ

完熟梅のジャム

すぐに梅仕事ができないときは、保存袋に入れて冷凍に。時間があるときに自然解凍して作ります。黄色く熟した梅は、えぐみが少なく実もやわらかいのでジャムに。ヨーグルトに添えたり、炭酸水で割ったり。

材料（作りやすい分量）

完熟梅…500g
砂糖…150〜200g

作り方

1 完熟梅はなり口を取る。
2 鍋にたっぷりの湯を沸かし、**1**を15分ほどゆでてざるにあげる。
3 種を取り、身と砂糖を鍋に入れて弱火で5分ほど炊く。

＊冷蔵で3週間ほど保存可能

ジャスミン

娘が教えてくれた花

この家に引っ越して半年、まだ庭に何が植えられているかわからない5月の初め。洗濯物の干し場を庭の北側のあまり人目につかない所に作ったので、反対側の窓から洗濯物を持って出て、デッキを通り、干し場まで行きます。洗濯物を干したり取り込んだりしていると、どこからともなくエキゾチックな強い香りが漂ってきました。

裏の家とうちとの境界の目隠しの緑の間に、見慣れないつる状の小さな花の群集が。可憐な花とは裏腹に強烈なにおいを放っています。私は何かわからず、ちょうど近くにいた娘に聞いてみると、ジャスミンだよと教えてくれました。フラダンスをしている娘は、花が好きだったり、レイを自分で作ったりするので、こういった花には詳しいのです。花より団子的な私は、フレグランスだけの花には興味がさほどわきませんが、ジャスミン茶と思えばがぜん興味がわいてきました。

本場のジャスミン茶とは多少作り方が違うようですが、つるから花を摘み、緑茶の茶葉と一緒に密閉容器に入れて香りを移すと、すがすがしい香りのジャスミン茶に仕上がりました。おいしいウーロン茶やプーアール茶を教えてもらったので、来年は、ジャスミンと合わせてみたいと思っています。

〘たまさんの園芸メモ〙

羽衣ジャスミンだと思います。近所のこぼれ種か、鳥が運んできてくれたのか、庭の北側に繁殖しています。ゴールデンウイークごろに満開に。どんどん増えている気がします。黄色いジャスミンは毒があると聞いているので、気をつけています。今年たくさん切ったので、来年はどうなっているでしょうか？

ラベンダー

花を楽しむハーブに挑戦

ラベンダーは、86歳の父が好きなハーブで、乾燥させたラベンダーが入ったアイマスクをずーっと愛用しています。ラベンダーは、リラクセーション効果や、鎮静・安眠効果があり、よく眠れるらしいのです。

私のまわりには、アロマや療法にと、暮らしにハーブをうまく取り入れている知人が多くいます。私も、ハーブは料理の味や香りにアクセントがつくので、よく使っていますが、葉の部分を使うことが多く、ラベンダーのような花の部分はあまり使っていなくて、少し取り入れてみたいと思っていました。ハーブ使いの上手な友人は、クッキーに少しラベンダーを入れたり、また、夜眠れないときは、牛乳にラベンダーを入れてホットミルクにするといいよと教えてくれたり。そういえば、昔初夏の気持ちのいい季節に富良野のラベンダー畑を見に行き、ラベンダーソフトなるものを食べた記憶がよみがえってきました。ラベンダーは乳製品と相性がいいのですね。

開花の時期は短いけれど、そのかわいらしさにひかれてお菓子に使ってみたいという思いが強くなり、玄関先のハーブを植えている所にイングリッシュラベンダーの苗を植えてみました。ほぼ緑だけの場所にラベンダーのパープルがよく映えます。

【たまさんの園芸メモ】

鎌倉で3つほど苗を買い、今回初めて植えました。初夏は朝と夕に水をやり、6月ひと月くらい花が楽しめました。まだ育て始めなので、お料理に少し使うくらいの小さな収穫でした。冬は枯れていますが、春に出てきてくれるかな。

ラベンダーの白くまアイス風

ラベンダーミルクに発想を得て、暑い夏に冷やしてもおいしいのではと思い作りました。フレッシュな花を最後に散らして、香りと色を楽しみます。

材料（20・5×16㎝のバット1個分）

ラベンダー（フレッシュ）…4g＋2g＋飾り用少々

牛乳…2カップ

練乳…50㎖

作り方

1 鍋に牛乳とラベンダー4gを入れて弱火にかける。沸騰直前で火を止め、練乳を加えてよく混ぜ合わせ、そのまま冷ます。

2 粗熱が取れたら、こしながらバットに流し入れ、ラベンダー2gを散らす。ラップをかけて、冷凍庫で凍らせる。

3 アイスディッシャーやスプーン、フォークなどでガリガリとかいて器に盛り、飾り用のラベンダーを散らす。

ベリー類

ジューンベリー、ブルーベリー、ラズベリー

手軽に食べられるのがうれしい初夏の恵み

引っ越してすぐ、庭に1メートル近くのジューンベリーと70センチと50センチほどのブルーベリーを植えました。前の家にもジューンベリーはありましたが、根が張りすぎていて持ってこられず、仕方なく新たに植えることにしました。

柑橘も好きですが、ベリー類も好きでよく食べます。皮をむいたりしないでそのままパクパク食べられる気軽さから、また絶対植えたいと思っていました。

ひと足先にジューンベリーの花が咲き、実がつき、赤くなり、新緑に赤い実がひときわ目立つように。鳥たちもよく知っていて、狙っています。前の家では全部食べられたこともあり、よーく観察して、その前にどうにか収穫します。

後にブルーベリーも花が咲き、紫色の実がつき始めます。ブルーベリーのほうが、いいころ合いの実とまだ青くてかたい実の差があるので、毎日少しずつ収穫して、そのままヨーグルトに入れたり、残りは保存袋に入れて冷蔵または冷凍にしておきます。保存袋がいっぱいになったら、ジャムやシロップにします。

今年は、これだけでは飽き足らず、ラズベリーの苗も買ってみました。生の国産のラズベリーが食べられるなんて楽しみです。

ブルーベリー

ジューンベリー

【たまさんの園芸メモ】

ブルーベリーは、同じ系統の違う品種を植えたほうがいいらしいので、私はハイブッシュ系の2種類を植えてみました。ベリー類は落葉樹なので秋は紅葉した葉がきれいです。

ベリーのティラミス

ベリーは食べごろをこまめに収穫し、
いろいろな種類をミックスして冷凍保存。
ベリーをはちみつと赤ワインでマリネすると
甘酸っぱいフレッシュなソースになります。
チーズのまろやかさと合わせて。

材料（4皿分）
ビスキュイ（フィンガービスケット）… 4本
ベリーのマリネ（下記参照）… 適量
マスカルポーネ… 60g
砂糖… 大さじ½

作り方

1 ビスキュイはベリーのマリネのシロップに浸す。

2 ボウルにマスカルポーネと砂糖を入れて混ぜ合わせる。

3 器に**1**を盛り、**2**をのせ、ベリーのマリネをたっぷりかける。

ベリーのマリネ

材料（作りやすい分量）
ラズベリー、ジューンベリー、ブルーベリーなど
…合わせて200g
はちみつ… 大さじ1と½
赤ワイン… 大さじ1

作り方
ボウルにすべての材料を入れてよく混ぜ合わせる。
＊冷蔵で4〜5日保存可能

どくだみ

花も葉も役立つありがたい植物

生命力あふれるどくだみ。今年も庭のあちこちにはうように群生してきました。気づけば花も咲き、日に日に樹木やハーブに巻きつくくらいになってきています。

とくに家の裏の北側は、私たちもあまり足を踏み入れないので、どくだみ畑に。白い花が咲いたときはとてもきれいです。そのかわいらしさとはうらはらな香りを嗅ぐと、今年もこの季節がやって来たと思うようになりました。

花が咲いたら摘み、焼酎に漬けて虫刺されのかゆみ止めにします。葉はやわらかいうちに摘んで、風通しのいい所に吊るしておきます。乾いたら手で粗めにつぶし、どくだみ茶にして煮出して飲みます。煮出したあとの葉も、もったいないので捨てずにお風呂に入れています。皮膚がさっぱりします。

アジアのほかの国では、葉をサラダにしたり、炒めたりして食べられていて、身近なハーブとして親しまれているようです。根っこを食べる地方もあるのだとか。

「十薬」とも呼ばれる万能薬で、デトックス効果や殺菌・抗酸化作用などがあり、体にいいことずくめのどくだみ。ありがたいことに庭にたくさんあるので、もっと体に取り入れていこうと思います。

〔たまさんの園芸メモ〕

5月くらいから勢いを増し、増えていきます。取っても、取っても増えます。ハーブや柑橘に巻きついたものは抜くようにしていますが、ほかは自然にまかせています。秋には落ち着いてきます。

どくだみの花のティンクチャー

ティンクチャーはいわゆるチンキで、肌に塗って使います。
20年くらい毎年作っています。蚊に刺されたときや日焼けに。
季節のトラブルから季節の植物が守ってくれると実感します。

作り方

どくだみは花の部分だけを摘み取り、びんに入れる。焼酎（ホワイトリカー・アルコール度数35％）をひたひたに注ぐ。1カ月後くらいから使える。

どくだみの葉のスワッグ

ハート形の葉の形を生かした、どくだみの葉だけのスワッグ。
独特の香りがあるので外に吊るして楽しみます。
乾けばそのままお茶になるのもいいところ。

作り方

どくだみの葉を空気を含ませるように重ねて束ね、結束部分と先端がすぼまるような形になるように形作る。乾くと枝が細くなるので、抜けないようにきっちりと麻ひもで結ぶ。

夏の庭

さんさんと降り注ぐ太陽の暑い光とパワーを浴びて、
春先に植えた夏野菜、ハーブ類
そして樹木と植物たちは力強く育っています。
去年は、ちょうど食べごろのトマトを
動物たちに食べられてしまったので、
今年はとられないよう気を配って。
たくさん収穫できた夏野菜とハーブは、
保存食にして楽しみます。
飽きるほど食べられるように、
蚊に刺されながらも朝、夕の水やりは欠かせません。

夏の庭仕事

お日さまと土の栄養をぐんぐん吸収して、おおらかに自由に伸びてくる夏野菜やハーブ。葉が生い茂り、植物たちが少し窮屈になってきました。風通しをよくするため、また虫たちも活発に活動しているので、よく観察して環境を整えてあげます。

水やり

朝、洗濯機を回している間に、白湯を飲んで、ゴミを出したら、庭で植物にたっぷり水やりを。とにもかくにも真夏は水分を与えてあげることに集中します。人間だって水分補給大事ですもんね。夕方にももう一度水やりをします。

剪定する

成長著しくみるみる伸びてわさわさになってきました。少し整理をして風通しをよくし、野菜は実に栄養がいくように、ハーブは伸びすぎて葉がかたくならないように整えます。カットしたハーブは、保存食に。

虫食いチェック

わが家の葉っぱが健康的でおいしいのか、虫たちは、まあ、よく食べてくれます。除去するような薬は使わないので、水やりのときに、根元だけでなく葉にも水をかけていますが、虫はあまり動じないみたいです(笑)。

しそのチヂミ
→ page. 83

ひき肉とハーブの和えごはん
→ page. 78

夏の食卓 一

たくさんできたハーブや夏野菜を、たっぷり使って作ります。
食欲がないときでも、食が進む味つけや香りを加えて、
夏野菜の保存食も上手に活用して、さっと作れる献立です。

きゅうりの水キムチ
→ *page. 81*

バジル

虫食いも気にせず！ かたくなってもおいしくいただく

夏の陽気によく合うバジル。家族も好きでよく使うので、毎年春に、風通しよく、日当たりのある程度よい場所に苗を植えています。乾燥が苦手なので、土が乾燥していないかチェックして、水やりをまめにします。

小さな新芽がどんどん出てきて、梅雨あたりから一気に膝下くらいまで伸びました。わさわさに増えすぎたので、風通しをよくするために摘心をしてあまり伸びないようにすると、収穫期間も長くなります。

あまり一気に摘んでもよくないと聞いたので、フレッシュで使いたいときは使う分だけ摘みます。農薬などを使わないので、虫も寄ってきやすいですが、私はあまり気にしません。水やりのときに葉にも水をかけてあげるくらいです。

また、花が咲きだすと子孫を残そうと種を作るのにエネルギーを使うので、葉がかたくなってしまうようです。葉がかたくなってしまったら、定番のジェノベーゼにしたり、しょうゆに漬けたりと保存食にしています。イタリアンにはもちろん、しそ感覚で和の食材にもよく合います。夏のフルーツにも合うので、ジャムを作るときやアイスクリーム、グラニテに加えるのも好きです。

〖たまさんの園芸メモ〗

ホームセンターで今年は4つの苗を購入しました。お料理に使いやすく、夏野菜と相性のいいスイートバジルを選んでいます。ドライにするほど収穫できないので、フレッシュで使いきります。花が咲くと葉がかたくなって、虫もつきますが、それでも今年は秋にも新芽が出て長く楽しめました。

ひき肉とハーブの和えごはん

バジルしょうゆで炒めたひき肉がハーブとごはんをつなげてくれます。暑くても、食が進む一皿。目玉焼きを添えてもおいしい。

材料（2〜3人分）

〈切り干し大根の梅酢レリッシュ〉

切り干し大根…20g

A 梅酢…20mℓ
水…30mℓ
砂糖…小さじ1

〈ひき肉のバジルしょうゆ炒め〉

ごま油…大さじ1
青唐辛子の輪切り…1〜2本分
豚ひき肉…200g
バジルしょうゆ（下記参照）…大さじ3
みりん…大さじ1と½
ごはん…適量
紫玉ねぎの薄切り…¼個分
ハーブ（コリアンダー、ディル、スペアミントなど）…適量
こしょう…少々

作り方

1 切り干し大根の梅酢レリッシュを作る。切り干し大根は水でもどし、水けを絞って粗みじん切りにする。合わせた**A**で切り干し大根を和える。

2 ひき肉のバジルしょうゆ炒めを作る。フライパンにごま油、青唐辛子、ひき肉を入れて中火にかけ、炒める。ひき肉にだいたい火が通ったら、バジルしょうゆ、みりんを加えて汁けがなくなるまで炒めるⓐ。

3 器にごはんを盛り、ひき肉のバジルしょうゆ炒め、紫玉ねぎ、切り干し大根の梅酢レリッシュ、ハーブを順にのせ、こしょうをふる。

ⓐ

バジルしょうゆ

かたくなったバジルの葉もしょうゆに漬ければおいしくいただけます。さわやかな風味がアジア料理によく合います。

材料（作りやすい分量）

バジル、しょうゆ…各適量

作り方

容器にバジルをちぎって入れ、しょうゆをひたひたに注ぐ。半日後からが食べごろ。

＊しょうゆにバジルが浸っている状態で、冷蔵で1カ月ほど保存可能

きゅうり

食感の違う2種類を育ててみる

みずみずしさとパリッとした食感が好きなきゅうり。よりパリッとしているミニきゅうりとイボの少ない品種を今年は植えてみました。きゅうりも動物に食べられそうと思い、場所的に安全なトマトの横の大きなプランターに植えました。つるが伸びてくるので支柱を立てて。大きくてかための産毛が生えている葉が、グリーンカーテンのようで夏らしい光景です。黄色の花がしぼんで枯れたら、赤ちゃんきゅうりができ始めました。バナナのように曲がりながら育ってきました。ミニきゅうりはあっという間です。採りたてを半分に切ると、そのみずみずしさとパリッとした食感にびっくりします。青梅のみそ漬けのみそ(p.56参照)をつけると格別です。イボなしきゅうりは、小さなうちはイボがありましたが、大きくなるとイボがほとんどなくなり、なめらかになりました。そして、ぐんぐん大きくなり、25センチくらいに育ったものも。こちらは中もなめらかで水分が多く、やわらかめで、瓜に近いお味でした。来年はお漬け物によく使われる四川きゅうりにも挑戦してみたいです。

〖たまさんの園芸メモ〗

夏にわんさかなると思っていたのですが、7月はならず、8月にやっと実がつきました。5月に植えたので、植えるのが遅かったのかもしれません。イボなしきゅうりは種を取って干し、炒め物やお漬け物にもしました。

きゅうりの水キムチ

さっぱりいただけるやさしい酸味の水キムチは
塩麹のコクとしょうがをきかせて。
きゅうりの歯ごたえが生きています。

材料（作りやすい分量）

きゅうりの薄切り…1本分

A
- 米のとぎ汁…2カップ
- しょうがの薄切り…1片分
- 昆布…5cm四方1枚
- 赤唐辛子…1本

梨またはりんごの薄切り…1/4個分

塩麹…小さじ2

すだちの薄切り…適量

作り方

1 鍋に**A**を入れてひと煮立ちさせ、粗熱を取る。

2 保存容器に**1**ときゅうり、梨、塩麹を入れて1日常温におき発酵させる。冷蔵庫で保存し、食べる前にすだちをのせる。

＊冷蔵で10日ほど保存可能

しそ

たっぷりと、好きなだけ使える うれしい恵み

　去年の春に植えたしそ。そこから花穂が伸びて、花が咲き、枯れてもそのまま抜かずにいました。すると、今年の春は、こぼれた種から芽が出たのか、気づけば大量のしそが。去年の3倍くらいはあるでしょう。しそはスーパーなどで買うと10枚で割といい値段。自生しているものを好きなだけ使えるのは、なんともうれしい恵みです。

　摘んだ先から夏の重い空気が一瞬和らぐような、さわやかな青々しい香りに涼を感じます。大量に摘んだ葉は、バジルのようにペーストにしておきます。油分をオリーブオイルにすればパスタやサラダに、米油やごま油にすれば和食や中華に役立つ調味料に。

　ふんだんに使えるなら、チヂミに混ぜ込むのも夏らしい一皿に仕上がります。しそはもはやわが家の夏の食卓には欠かせません。

　しそだけではなく、赤じそも毎年少し自生しています。もう少し増えてくれたら、ふりかけを作ろうと思っています。

【たまさんの園芸メモ】

何のお手入れもせず、季節はめぐって、年々立派に育ってくれています。初夏から夏が一番やわらかくおいしい。夏の終わりにはほぼ虫食いになってしまいますが、それは保存食にしています。

しそのチヂミ

にらより好きなしそのチヂミ。もっちりとした米粉の生地をかむごとに清涼感が広がります。お好みの量を入れてください。

材料（直径20㎝のもの1枚分）

しそ…15枚くらい

A
- 米粉…40g
- 片栗粉…5g
- 卵…1個
- 塩…ひとつまみ
- 水…大さじ2

ごま油…大さじ2

〈たれ〉

塩麹…小さじ1

韓国産唐辛子…小さじ$\frac{1}{4}$

しょうゆ…小さじ1

米酢…大さじ1

白いりごま…適量

作り方

1 ボウルに**A**を入れてよく混ぜ合わせる。しそを半分にちぎって加え、さっと混ぜる。

2 フライパンを火にかけてごま油を入れ、**1**を流し入れてまんべんなく広げる。きつね色に色づいたらひっくり返し、両面を火が通るまで焼く。

3 食べやすい大きさに切り、器に盛る。混ぜ合わせたたれをつけていただく。

しそのペースト

ナッツを加えたペーストは
さわやかな中にコクがあります。
しそがかたくなってきたら
ペーストにしてみてください。

材料（作りやすい分量）
しそ…20枚
カシューナッツ…30g
米油…30㎖
米酢…小さじ1
塩麹…小さじ1

作り方
カシューナッツは粗めに刻み、しそはちぎる。すべての材料をフードプロセッサーにかけ、好みのなめらかさになるまで攪拌する。

＊冷蔵で2週間ほど保存可能

コングクスそうめん

呉汁のような、濃厚なスープを
しそのペーストでさわやかに。
あっさりしすぎず、
満足感のある夏の和えめん。

材料（2人分）
大豆（乾燥）…120g
昆布…10cm四方1枚
薄口しょうゆまたは白だし…少々
そうめん（ゆでて冷やす）…2人分
しそのペースト（上記参照）…適量
梅のコチュジャン和え（下記参照）…適量（好みで）

作り方
1 大豆と昆布は、大豆の4倍程度の水にひと晩つけてもどす。暑い場合は、冷蔵庫に入れておく。
2 大豆がふっくらしたら、鍋に移し入れて弱めの中火にかける。沸騰直前に昆布を取り出す。弱火にして、大豆が指でつぶれるくらいやわらかくなるまで煮る。アクを取りながら、大豆の頭が出たら差し水をする。
3 ゆでた大豆300gとゆで汁2カップをミキサーにかけて攪拌する。薄口しょうゆを加えて味を調え、冷蔵庫で冷やす。
4 器にそうめんを盛り、**3**を注ぎ入れる。しそのペースト、梅のコチュジャン和えをのせる。

梅のコチュジャン和えの作り方（作りやすい分量）
青梅シロップ（p.55参照）の梅100gの種を取り、食べやすい大きさにする。コチュジャン大さじ1と砂糖小さじ1を混ぜ合わせたもので和える。

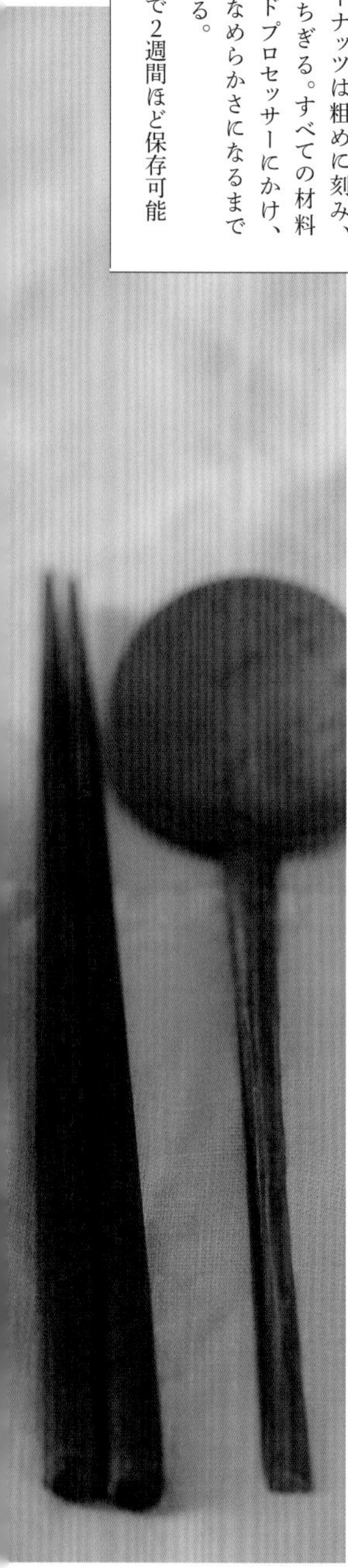

夏の食卓 二

豊かな香りの夏のハーブは、清涼感を与えてくれます。
前菜、メイン、デザートにも使えて味のアクセントに。
相性がよい酸味のある食材と組み合わせて、さわやかな食卓に。

いわしのフリットと
ハーブのヨーグルトソース
→ *page. 91*

ジェノベーゼと
夏のフルーツ
→ *page. 92*

パセリバター
→ *page. 90*

パセリバターの
コーンオムレツ
→ *page. 90*

ハーブ類

ミント、レモングラス、フェンネル、ディル、コリアンダー、イタリアンパセリ

夏らしさいっぱいの香りを食卓に

いつでも好きなタイミングで使えるのがうれしい庭のハーブ。少し料理に彩りが欲しいときや、何か味のアクセントとして使いたいときなど、ほんのひとつまみでもあると本当に便利です。バジルのほか、去年のこぼれ種から自生したスペアミントがあり、夏によく使う5種類のハーブを今年は植えました。

ミントは、スペアミントに加え、モヒートミントやアップルミントも。どれもスーッとして呼吸を深く整えてくれそうな存在。デザートに使うのはもちろん、びんにミントを枝ごと入れ、水を注いでリフレッシュウォーターにもします。

清涼感のあるレモングラスもドリンクとして活用します。今年は80センチ近くまで伸び、たっぷり使えました。適当な大きさに切ってドライにしておくと便利です。

マリネやサラダによく使うフェンネルや、大好きなディルも欠かせません。綿毛のような形に咲く黄色の愛らしい花は、線香花火のようでとてもきれいです。

コリアンダーは別名パクチー。エキゾチックな香りが、夏らしさを醸し出してくれます。

万能なイタリアンパセリもあれば安心感さえ覚えます。

フェンネル

【たまさんの園芸メモ】
ハーブには特別なことはしないけれど、夏は朝と夕、しっかりと水をあげていました。虫がつくとも聞きますが、私はあまり気になりませんでした。見つけたら水で流す程度で大丈夫でした。

パセリバターのコーンオムレツ

作っておくと便利なパセリバター。
やさしい味わいのオムレツととうもろこしにたっぷりとのせて。

材料（作りやすい分量）

とうもろこし（蒸したもの）…1本
卵…3個
牛乳…大さじ1
塩…少々
パセリバター（下記参照）…30g

作り方

1 とうもろこしは大きめに包丁でそぐ。

2 ボウルに卵を割り入れてよくほぐし、牛乳と塩を加える。

3 フライパンを火にかけてパセリバターの半量を入れ、溶けたら**2**を流し入れる。へらで端の卵を中央に持ってくるようにしてオープンオムレツを作る。

4 器に**3**を盛り、とうもろこしと残りのパセリバターをのせる。

パセリバター

材料（作りやすい分量）

イタリアンパセリまたは
パセリの葉の部分…20g
バター…100g

作り方

バターは室温におき、やわらかくしておく。パセリはみじん切りにして、バターとよく混ぜ合わせる。容器に入れて、冷蔵庫で冷やし固める。

いわしのフリットと
ハーブのヨーグルトソース

いわしのフリットは炭酸水を衣に使いふっくら、カリッと。
香りのよい数種のハーブとヨーグルトの酸味でさっぱりといただきます。

材料（2人分）

〈いわしのフリット〉

いわしのフィレ（三枚におろしたもの）…3尾分
塩…少々
衣｜薄力粉…$\frac{1}{2}$カップ
　｜炭酸水…$\frac{1}{2}$カップ
揚げ油…適量

〈ハーブのヨーグルトソース〉

ハーブ（フェンネル、イタリアンパセリ、ディルなどの葉の部分）…軽くひとつかみ
プレーンヨーグルト…大さじ3
青唐辛子のオイル漬け（p.94参照）のオイルまたはオリーブオイル…大さじ1
塩、チリパウダー…各少々

作り方

1 いわしのフリットを作る。いわしは塩をふって15分ほどおき、出てきた水分をペーパータオルで押さえ、水けを取る。衣の材料をよく混ぜ合わせ、いわしにまんべんなくまとわせて、180度の油で2〜3分、カリッとするまで揚げる。器に盛る。

2 ハーブのヨーグルトソースを作る。ボウルにヨーグルトと青唐辛子のオイル漬けのオイル、塩を入れて混ぜ合わせる。

3 **1**のフリットの横に**2**を盛り、ハーブを上にのせ、チリパウダーをかける。フリットにソースをつけていただく。

ジェノベーゼと夏のフルーツ

虫食いがあったり、かたくなったバジルは、シンプルなペーストに。夏におすすめの組み合わせです。

材料（作りやすい分量）

〈ジェノベーゼ〉

バジルの葉…約50g

松の実…30g

オリーブオイル…$\frac{1}{2}$カップ

塩…小さじ$\frac{2}{3}$

すいか、ネクタリン、和梨…各適量

作り方

1 ジェノベーゼを作る。すべての材料をフードプロセッサーに入れⓐ、好みのなめらかさになるまで攪拌する。

2 夏の果物をそれぞれ食べやすい大きさに切って器に盛り、**1**を添える。

ⓐ

和梨とミントのグラニテ

おだやかな、やさしい甘みとシャリシャリの食感がおいしい和梨。
ミントのさわやかさで和梨の味がキリッと引き立ちます。

材料（作りやすい分量）

和梨…1個
レモン汁…大さじ1
ミントの葉…10枚くらい
はちみつ…小さじ1
デラウェア…適量

作り方

1 梨は皮をむき、一口大に切る。

2 フリーザー用の保存袋に**1**、レモン汁、ミントの葉、はちみつを入れて封をする。手で袋の上からもんで梨を粗めにつぶし、冷凍庫に入れて冷やし固める。

3 食べる少し前に冷凍庫から取り出し、少しやわらかくなったらミキサーで攪拌する。

4 器に**3**を盛り、皮をむいたデラウェアを飾る。

唐辛子

短い青唐辛子の季節を存分に楽しむ

辛いものが好きなわが家。唐辛子を使ったものもよく作ります。とくに主人は、青唐辛子の辛さが好きなので、夏の間いつでも使えるように植えています。私は唐辛子の実も楽しみですが、葉のほうも秋のお楽しみにしています。

青唐辛子の期間は意外に短く、すぐに赤くなってしまいます。

夏によく作るのは、サルサソース。トマトやプラム、パイナップル、野菜と青唐辛子のみじん切りにライムなどを合わせたもの。タコスはもちろん、ステーキや、揚げ物のソースとしても。パスタだとしらすと青唐辛子、レモンのペペロンチーノ。若々しい辛さが夏によく合います。

たくさん採れたなら、オイルに漬けたり、ビネガーに漬けたりして、青唐辛子を年中使えるように保存します。赤くなったものは、乾燥させて熟した辛みを楽しんでいます。

『たまさんの園芸メモ』去年は上手に育てられたので、今年もホームセンターで苗を買い育てました。日当たりさえよければ、うまく育つようです。実がなっていないものを買いましたが、7月くらいには小さな青唐辛子ができ、8月くらいから赤い色に変わっていきます。ハラペーニョも買ったのですが、途中で区別がつかなくなってしまいました。ときどきとても辛いのがあったのでそれかな。

右の写真は青唐辛子をオリーブオイルに、赤唐辛子を梅酢に漬けたもの。2〜3本を漬けるだけですが、オイルや酢に辛みと風味が移ります。

コリアンダーとプラムのサルサのせステーキ

プラムの酸味とコリアンダー（パクチー）の清涼感に、青唐辛子の辛さが全体を引き締めてくれるサルサソース。ステーキもサラダ感覚で食べられます。

材料（サルサは作りやすい分量／ステーキは2人分）

〈コリアンダーとプラムのサルサ〉

コリアンダー…5g
プラム…4個
紫玉ねぎ…1/4個
青唐辛子…1〜2本（好みで）

A
ライム果汁…1/2個分
オリーブオイル、または青唐辛子のオイル漬け（p.94参照）のオイル…大さじ1
塩…少々

牛ステーキ用肉（塩、こしょう各少々をふる）…2枚

作り方

1 コリアンダーは、茎はみじん切り、葉は一口大に切る。プラムは1.5cm角、紫玉ねぎと青唐辛子は粗みじん切りにする。

2 **1**をボウルに入れ、**A**を加えて、さっと和えるⓐ。

3 ステーキ肉を焼き、器に盛る。**2**をたっぷりのせる。

＊コリアンダーとプラムのサルサは冷蔵で3〜4日保存可能

ⓐ

ミニトマト

去年の経験を踏まえ、無事収穫

　去年は中玉トマトの苗を植えました。今年ほど植える場所がなく、家のキッチンの北側の静かな場所へ植えました。日当たりはまあまあだったのですが、その場所が南側の窓を出てからデッキを通り、さらに洗濯物干し場を越えた先だったので、水やりが大変でした。洗濯物を干したり取り込んだりするときにいつもチェックしていて、いよいよ食べごろと楽しみにしていた朝、何者かにほぼ食べられていてショックを受けました……。

　そんな経験から、今年は出入りする門の近くの大きなプランターの日当たりのいい場所に、収穫を小刻みに楽しめるミニトマトを植え、支柱を立てました。

　日に日に伸び、ポツポツと実ができ始めたと思ったらすぐに赤くなりだしました。夏場は毎日数個くらい赤くなっていて、今年は動物に食べられないようにと、その都度摘んでは食べました。しらすとオリーブオイルを合わせるシンプルな食べ方は、わが家の定番です。また、これをトーストしたパンにのせて食べるのも好き。

　秋でおしまいかと思っていましたが、少し剪定したら、少しずつですが、冬までぎゅっと濃い味のおいしい実がなってくれました。

〘たまさんの園芸メモ〙
最初はあまり実がつかず、心配しましたが、葉っぱと枝を剪定したら、実なりがよくなりました。栄養分がよく行き渡るようになったのでしょうか。秋に葉をすべて取ったら、また実がたくさんなり、味も甘く濃くなりました。

枝豆

暑い時期は朝と夕にしっかり水やり

家族も好きな枝豆。最近は枝つきのまま売られているものもよく見かけるようになりました。ほくほくでうまみが強く、手軽に食べられるうえ、女性の味方・イソフラボンがたっぷり。高タンパクで、夏バテ防止や疲労回復にもよく、栄養価が高いのもうれしいですね。二日酔いにもいいのだとか。晩酌のお供として、わが家の夏の食卓によく登場します。

育てるのは難しそうですが、苗を見つけたらチャレンジしたくなりました。夏の初めにまだ双葉くらいの苗を植えたところ、雨と気候に恵まれて背丈はどんどん伸び、気づけばふわふわの産毛をまとったさやができていました。そこからは暑い日が多く、朝、夕と欠かさずに水やりをして、どうにかお店で売っているくらいの大きさにまで育ってくれました。そんなに多くはできませんでしたが、ちょうどよい時期を見計らい、ぷくぷくにふくらんだ枝豆を１食分収穫しました。

晩酌用に、洗った枝豆を鉄のフライパンに入れ、少量の水と塩ひとつまみを加えたらふたをし、５分蒸し焼きにしました。少しかために仕上げるのが好み。冷えたビールが進みます。

〖たまさんの園芸メモ〗

育てやすいと聞いた早生種の枝豆の苗を購入しました。花が咲いたあとからは水切れをしないように注意しました。量はたくさんできませんでしたが、ぷっくりとした豆ができました。

column 02

お茶で楽しむ庭

植物の花の芳醇な香りはもちろん、葉にもそれぞれ香りがあり、うれしい効能もあります。組み合わせることによって味の幅が広がります。

ジャスミン茶

清潔な保存びんにジャスミンの花と茶葉（緑茶、ウーロン茶、プーアール茶など）を1対3くらいの割合で入れⓐよく混ぜ合わせます。1日1回かき混ぜ、風通しをよくします。花が乾燥して、1週間程度したら飲みごろですⓑ。ジャスミンの花を取り除き、新しい花を加える工程を何度も繰り返すと、本場のジャスミン茶に近い味に。カビそうな場合は、乾燥剤を一緒に入れてください。

ⓐ

ⓑ

ジャスミン、ラベンダーは種類によってお茶に適さないものもあります。食用にしてもよい種類かどうか確認してください。

初夏のハーブティー

初夏にラベンダーの花が咲いたら、相性のいいレモンバーベナ、ミントなど、ラベンダーの甘さを引き立ててくれるハーブを合わせてひとつかみくらいポットに入れ、お湯2カップを注ぎ、ふたをして3分ほど蒸らします。いい香りがしてきたら飲みごろ。彩りもいいハーブティーです。

笹の葉とどくだみのお茶

夏にはわんさかと茂る、パワーあふれる葉は干して、お茶としてパワーをいただきます。

ポットに水3カップと、適当な大きさに切って乾燥させた笹の葉とどくだみの葉を合わせてひとつかみほど入れて中火にかけます。沸いたら火を弱め、5分ほど煮出します。

レモングラスそば茶

レモングラスのさわやかさと香ばしいそばの香りが思いのほかよく合い、好きでこればかり飲んでいた時期も。

ポットに水3カップと10センチくらいに切ったレモングラス10本くらい、そば茶大さじ2を入れ、中火にかけます。沸いたら火を弱め、10分ほど煮出します。冷やしてもおいしい。

松の葉と柑橘の葉のお茶

白湯にさわやかさを加えたいときに、庭からさっと摘んで飲んでいる、お茶と白湯の間のようなやわらかな味わいです。

白湯または熱湯を湯のみに入れ、松葉1～2本と柑橘の葉（レモン、ライム、柚子など）に手で切り目を入れ、香りを出して加えます。

秋の庭

乾いた秋の風と虫の音が心地よく、
朝と夕はずいぶん涼しくなりました。
ブルーベリーやジューンベリーは葉が紅葉し、
成長著しかった夏野菜やハーブの成長も
ゆっくりになってきました。
風が吹くたびに葉が枯れ落ち、
少し寂しそうに見える庭も、
よーく見渡せば秋の味覚を楽しめそうです。

秋の庭仕事

ミニトマトに夏の名残を感じながらも、ドライな風に舞い散る枯れ葉が季節の移り変わりを教えてくれる秋の庭。残せるものは残して、これからの寒さに強い冬野菜や葉物を新しく植えたりします。

冬野菜を植える

カリフラワーやブロッコリー、キャベツなどの冬野菜は、場所もとり、育てるのが難しいイメージがあるので、わが家のスペースでもできて、もう少しお手軽なカリフローレ、スティックブロッコリー、芽キャベツなど新しい品種の小さめのものを植えてみました。

夏の名残を整理

春に植えたミニトマトの茎がヒョロヒョロと伸び、色も白っぽくなってきました。秋になってもポツポツと実をつけているので、さらに枯れそうな葉と余分な枝などを取り除き、集中して実に栄養が行き渡るようにしてあげると、ちゃんと色づき、味の濃い引き締まった味のミニトマトに。

落ち葉や紅葉を楽しむ

落ち葉は堆肥になると思って、あえて片づけず、そのまま自然にしています。ディスプレイに使ったり、料理の飾りにしたりもできるので、落ち葉や紅葉も秋の楽しみです。育てるまで知りませんでしたが、ベリー類の紅葉はとてもきれいです。

鶏肉のマリネと野菜の
香りロースト
→ *page. 118*

いちじくとキヌアのサラダ
→ page. 112

むかごのバターピラフ
→ page. 115

秋の食卓

今日は、夕暮れからお酒が好きなお客さまがいらっしゃるので、ワインに合いそうな秋の味覚を。

料理には、庭の恵みを加えて季節感を。実だけでなく葉も使ったり、ハーブを使ったり。

火を加えてより香ばしく、力強くなった香りが、まるで秋風のような心地よさに。

いちじく

実だけでなく、葉も香りもごちそう

私は皮膚が弱く、子どものときにいちじくの木に登り、病院に行くくらいかゆくなった経験があります。それ以来、いちじくの木に触るのを封印していましたし、味も子どものときには、それほど好きではありませんでした。しかし、年を重ねると、好きになってきて、ジャムを作りたいと思うように。

ビオレソリエス(黒いちじく)を育てている平塚の農園に行ったとき、自分で使う分を収穫させていただきました。そのときの採りたてのいちじくの香りと葉の香りが、なんともいいにおいで忘れられませんでした。また、いちじくの葉を、ベーコンを作るときの燻製材代わりに使うととてもおいしくなると聞き、いつかいちじくの木を植えたいと思っていました。あまり敷地に余裕はないけれど、実と葉もそこそこついていた小ぶりのものを1本、どうしても欲しくて初夏に買いました。

今年はジャムが1びんと、サラダで食べられるくらいの収穫量でしたが、採りたては甘みと少し酸味もあり、十分なおいしさです。葉も、まさにいちじくの香りで、乾燥させてお茶にしたり、念願のベーコン作りに使ったり。香りを移すという秋の料理にぴったりだなと思いました。葉の楽しみは、育てているからこそですね。

〖たまさんの園芸メモ〗

いちじくは実よりもむしろ葉狙い。葉のつきがいいものを園芸センターで選んで買ってきました。実がついているものを買って、まだ鉢で育てています。半日陰でいいというので、梅の木の下で育てていて、秋にさらに実がつきました。育てやすい果物のようです。

いちじくと
キヌアのサラダ

キヌアに味がなじむように
ドレッシングで和えておきます。
いちじくはかためのの新鮮なものを。

材料（2人分）

いちじく…2個

A
- キヌア（ゆでたもの）…¼カップ
- オリーブオイル…大さじ1
- 白ワインビネガー…大さじ1
- 塩、こしょう…各少々

葉物野菜（ケール、チコリ、トレビスなど）…ひとつかみくらい

作り方

1 ボウルに**A**を入れ、よく混ぜ合わせる。

2 いちじくは皮ごと8等分に切り、葉物野菜は食べやすい大きさにちぎる。

3 **1**に**2**を加え、さっと和える。

いちじくとアールグレイのジャム

香り高い秋らしいジャム。いちじくは皮ごと使用して、ごろっと果肉感のある仕上がりに。

材料（作りやすい分量）

いちじく…５個（約４００ｇ）
砂糖…１２０ｇ
アールグレイの茶葉…小さじ⅓
レモン汁…大さじ１と½

作り方

1 いちじくは皮ごと一口大に切る。

2 鍋に**1**と残りの材料を入れて火にかける。沸騰したら火を少し弱めてアクを取り、とろりとするまで５分ほど炊く。

むかご

小さな秋の恵みを大切にいただく

夏の終わりから、ハート形のかわいい葉のついたつるをキッチンの窓横や玄関先、お隣さんとの塀の所でよく見かけるようになります。秋には柑橘の木にもくるくる巻きついてきます。よーく見ると小さなころころのむかごちゃん！　ホクホクしていておいしいですよね。以前住んでいた家のまわりにもあって、この時期の楽しみのひとつでもありました。

今年一番たくさんできた場所は、キッチンの出窓横。すずなりでワクワクしていたのですが、よくよく見ると、大きな蜂の巣が上にできていて、蜂がむかごのまわりをブンブン飛んでいました……。ここの収穫は断念し、玄関先とお隣さんの塀の所のものを収穫しました。

素揚げにして、しょうゆを少したらし、青のりと和えるのもおいしいですが、おかずにするには収穫量が少なく、むかごごはんに。下ごしらえもいらず、洗ってごはんと一緒に炊き込むだけ。塩をふって、ごま油をたらしたり、しそや梅干しを混ぜ込んでもおいしいです。油と相性がいいので、バターを合わせてみたら……炊き込みバターピラフが今年のヒットでした。何も手をかけていないのに、今年もありがとう。

『たまさんの園芸メモ』

10月くらいに、気づくと実がついていました。つるが伸び、毎年増えている気がします。お隣さんの庭もわが家と同様自然体な感じなので、これからもっと増えるかな。楽しみです。

むかごのバターピラフ

バターとの相性もよいむかご。庭のローリエも一緒に炊き込むと、より風味とコクが増します。

材料（2～3人分）
むかご…ひとつかみくらい
米…2合
昆布…10㎝四方1枚
玉ねぎ…¼個
バター…20g
ローリエ…2枚

作り方

1 米は洗って、昆布を入れた同量の水（360㎖）に30分ほどつける。

2 むかごはさっと洗い、玉ねぎは粗みじん切りにする。鍋を火にかけてバターと玉ねぎを入れ、玉ねぎが透明になるまで中火で炒める。

3 **1**とむかご、ローリエを加えてふたをし、強めの中火にする。沸いたら弱火にして10分炊き10分蒸らす。

ローズマリー、ローリエ

育てやすく、使いやすい

タフでどんな環境の庭でも育てやすく、万能なおすすめの植物は？と聞かれたら、ローズマリーとローリエ、と答えるかもしれません。一年中、マイペースにすくすく育ってくれて、虫もつきにくく、手がかかりません。料理にも使いやすい、いい子たちです。

ローズマリーは、自分で2～3苗買って植えたもの、いただいたもの、挿し木して増やしたものと、いろいろあり、今では庭の3カ所で膝上くらいまで伸びています。ローリエは、3年前に買った2本があり、すでに2メートル近くになりました。ローズマリーもローリエも、伸びたものはスワッグにしてプレゼントにしたり、車の芳香剤にしたり。肉料理やスープに使ったり、お菓子にも使ったり、ジャムに加えるのも好きです。

季節を問わず育ってくれるローズマリーとローリエですが、深い森の中にいるような、青々とした香りが、深まる秋によく合うような気がします。火を通すことで香ばしさを醸し出し、森林浴をしたような心地よさが体にしみ渡る、そんな存在です。

ローズマリー

ローリエ

【たまさんの園芸メモ】

どちらも2年前に購入。ローズマリーは最初10センチくらいだったのに、どんどん大きくなり、ローリエは日当たりの悪い場所に植えましたが、元気に育っています。

ローズマリーとピオーネのガレット

型を使わずラフに焼き上げたタルトです。焼くことで味がより凝縮されたピオーネを、ローズマリーの香りが引き立ててくれます。

材料（直径20cmのもの1枚分）

〈パイ生地〉
薄力粉…50g
全粒粉…30g
片栗粉…20g
きび砂糖
…大さじ1と½
塩…ひとつまみ
米油…大さじ1と½
冷水…大さじ1と½

ピオーネ…10個くらい
ローズマリー…3枝
はちみつ…大さじ1
きび砂糖…適量

作り方

1 パイ生地を作る。ボウルに粉類ときび砂糖、塩を入れてざっと混ぜ合わせる。米油を回しかけて油をなじませたら、両手ですり混ぜ、粗めのパン粉のような状態にする。冷水を加えて混ぜ合わせ、ひとまとまりになったら丸めて、オーブンシートの上に取り出し、麺棒で2mm厚さにのばす。フォークで全体に穴を開ける。

2 ピオーネを薄くスライスし、生地の縁3cmを残し敷き詰める。縁を中心に向けて折りたたみ、ローズマリーをのせ、はちみつをピオーネの上に回しかけて、きび砂糖を縁にかける。

3 190度のオーブンで25〜30分焼く。

鶏肉のマリネと野菜の香りロースト

香り高いいちじくの葉とローリエ、ローズマリーを食材と一緒にオーブンで焼いて香りを移します。相性のいい秋の野菜もたっぷり食べられます。

材料（4人分）

鶏もも肉…2枚

A
- オリーブオイル…大さじ1
- 白ワインビネガー…小さじ1
- 塩…小さじ1

さつまいも…½本

れんこん…小1節

マッシュルーム…5個

オリーブオイル…適量

B
- いちじくの葉…4枚
- ローリエ…4枚
- ローズマリー…4枝

こしょう、粒マスタード…各少々

作り方

1 鶏肉は、半分に切る。混ぜ合わせた**A**をもみ込み、2〜3時間冷蔵庫におく。調理する20分前くらいに冷蔵庫から取り出す。

2 さつまいもは一口大に切り、水に10分ほどさらす。れんこんは一口大に、マッシュルームは半分に切る。

3 耐熱容器に**2**の野菜を入れ、塩少々（分量外）とオリーブオイルを1周回しかけ、さっと和える。**B**の半量を加えⓐ、その上に**1**をのせ、残りの**B**をのせる。オリーブオイルを1周回しかけるⓑ。

4 200度のオーブンで40〜50分、肉と野菜に火が通るまで焼く。仕上げにこしょうをふり、食べるときに粒マスタードを添える。

ⓐ

ⓑ

しその実、葉唐辛子

季節が変わっても楽しませてくれる

夏にわさわさに繁ったしその葉は、涼しくなると勢いが収まり、新たなお楽しみができます。花穂が伸び始め、白い小さな花が咲き、ビーズくらいの小さなしその実がつきだし……小さな実もしっかりとしその香りがして、これが秋の楽しみのひとつです。一粒一

粒、手ですーっと押して収穫します。たくさん採れたと思っても、穂から外してみればほんの少し。そのまま味わうというより、塩漬けやしょうゆ漬けにしておき、ごはんに混ぜ込んだりしていただきます。

新米がおいしい季節。唐辛子の葉もごはんのお供にします。葉と、青から赤に色が変わりかけている唐辛子も加えて、昆布と一緒に甘辛い佃煮に。今年は、もう1種類ハラペーニョを植えたので、葉も少し辛い気がします。昆布と合わせるとうまみやまろやかさが加わり、ごはんが進む味わいに。

夏だけでなく、秋も楽しませてくれる、しそと唐辛子。育てていると、形を変えながら四季折々の表情を楽しめるのがいいですね。

【たまさんの園芸メモ】

しそは葉から花穂、しその実と時期によって楽しみがあります。しその実が食べられるくらいになるのが10月。また唐辛子は実が赤くなったら、葉もいただくという感じです。季節の流れが感じられる、どちらも2度目の楽しみです。

しその実の塩漬け

ごはんに混ぜたり、漬け物に加えたり。
料理のちょっとしたアクセントになってくれる、秋の調味料です。

材料（作りやすい分量）

しその実…適量
塩…しその実の重量の１％

作り方

しその実は茎から外しⓐ、さっと洗い、熱湯で30秒ほどゆでてⓑ、冷水に取る。ペーパータオルで水けをしっかりふき取って、塩と混ぜ合わせる。

＊冷蔵で２カ月ほど保存可能

ⓐ

ⓑ

葉唐辛子の佃煮

おむすびやお茶漬け、ごはんのお供に。
葉がかたいときは、細かく刻んで、一度ゆでこぼして。

材料（作りやすい分量）

唐辛子の葉…ひとつかみ
早煮昆布…15g
米酢…大さじ1
唐辛子（小さめのもの）…2〜3本
A｜酒、みりん、砂糖、しょうゆ…各大さじ1

作り方

1 水1と½カップに昆布を入れ、やわらかくなるまでつけておく。やわらかくなったら3cm四方に切る。鍋に米酢と昆布、もどし汁を入れ、煮汁がほぼなくなるまで炊く。

2 **1**に、茎から外して ⓐ、食べやすく切った唐辛子の葉 ⓑ と薄い輪切りにした唐辛子、**A**を加えて煮汁がなくなるまで炊く。

*冷蔵で2週間ほど保存可能

冬の庭

クリアな澄んだ空気に乾いた枝先。
黄金色に輝くすすきや草が静かにたたずんでいます。
冬枯れしている庭に、ひときわ目立つ柑橘の黄色やオレンジ色。
寒い中、元気に成長してくれました。
去年は、レモンやライム、甘夏がたくさんなってくれましたが、
今年はそこまでできませんでした。
少ないからこそ、よけいに愛着がわき、大切に余すことなく使いたい。
少し枝を剪定して、来年もどうかがんばってね。

冬の庭仕事

寒い中、元気にがんばってくれた植物たち。
私も息を白くしながら、庭をよく見渡し、
黄色く熟した柑橘は用途に合わせて収穫し、
越冬できるよう整えます。
また、新たな仲間を芽吹き始めに
迎え入れる準備をしていきます。

柑橘の収穫

天候に左右され、今年は個数は少なかったものの、できた実はふっくら大きく育ってくれました。剣山のような枝に気をつけながら収穫します。農薬などを使っていないので、皮ごとまるまる使える料理を考えます。採りたてはかたいので、果汁を使う際は、少しおいておくと搾りやすくなります。

越冬の準備

ミント、ローズマリーを除いては、一年草のハーブ類はほぼ見当たらなくなり、枯れ草が多くを占めるようになりました。枯れ草を抜き、土を掘り返してふかふかにして、寒さに強いディル、セージ、タイムなどを植えました。また、レモングラスは寒さに弱いので、60センチほどカットしました。

春に植える苗木を仕入れる

新しい植物は、どれくらい大きく育つか、育つと日当たりはどうなるのかが気になります。とりあえずスペースを考えて小さめの苗木を2本買いました。柚子は本柚子が1本ありますが、小さな花柚子も欲しくて。金柑も温室育ちではない自然の酸っぱい金柑が味わいたくて。暖かくなってから植えたほうがいいようなので、春までプランターで育てます。

カリフローレと
レモンハーブソルトのパスタ
→ *page. 141*

レモンハーブソルト
→ *page. 139*

冬の食卓

柑橘の皮、実と余さず使用して作った
調味料、保存食が旬の冬の食材をつなげてくれます。
おもてなしにも使えそうです。

ぶりと柚子ドレッシングの
カルパッチョ
→ *page. 132*

サルシッチャハンバーグ
レモンマーマレードの
サラダのせ
→ *page. 136*

柚子

本柚子、花柚子、2種類を育てる

黄色い柚子の香りは、まさに日本の冬のアロマ。

引っ越ししてすぐに本柚子の木を植えましたが、植えた時期（冬）が悪かったのか、いまだに実をつけてくれません。年末には、冬至でお風呂に入れたり、お正月には柚子の中身をくりぬいてなますを詰めたり、お雑煮にのせたり、お鍋に搾ったりと、わが家の冬支度には欠かせないので、もう1本迎え入れることに。

今回は、本柚子よりも小さな実をつけてくれる花柚子の木を。なますを入れるのにちょうどいい大きさ。みかんよりもひと回り小さくて、かわいらしい柚子です。購入したときは、まだ皮もかたく、引き締まっていましたが、日に日にやわらかくなってきて、果汁も出るように。搾ってお酢代わりに使うのもいいでしょう。果肉もやわらかくなると、加工がしやすくなります。

種が多い柚子は、種もよい役割をしてくれます。マーマレードを作るときに一緒に煮込むと、種に豊富に含まれるペクチンの効果で、簡単にとろっとしたとろみがつきます。また、保湿効果が高いので、焼酎に漬けて化粧水にするのもおすすめです。

来年は、初秋くらいの青柚子で、柚子こしょうにも挑戦してみたいです。

〖たまさんの園芸メモ〗

経験を生かして、花柚子は寒い時期は鉢で育て、暖かくなったら地植えにする予定です。柑橘の木はとげが多いので、扱うときは注意が必要です。剪定したほうが実なりがいいというので、少しだけしています。

ぶりと柚子ドレッシングのカルパッチョ

旬のぶりと柚子の組み合わせは冬のごちそう。塩麹がいい仕事をします。

材料（2〜3人分）

ぶりの刺し身…1さく
塩麹…小さじ1と½
柚子ドレッシング（p.133参照）
…大さじ2

作り方

1 ぶりは1㎝幅に切り、塩麹をもみ込み、冷蔵庫で1時間以上おく。

2 余分な水分をぬぐい取り、器に並べ、柚子ドレッシングを回しかける。

柚子のはちみつ漬け

完熟したやわらかい柚子を
はちみつに漬け込むだけ。
お湯で割ってドリンクにするほか、
煮込み料理の甘みにも。
冬には欠かせません。

材料（作りやすい分量）
柚子… 2個
はちみつ… 適量

作り方
1 柚子は半分に切り、薄切りにする。種も使う。
2 保存容器に**1**を入れ、はちみつをかぶる程度加える。はちみつがなじんだら食べごろ。
*はちみつに柚子が浸っている状態で、冷蔵で半年ほど保存可能

柚子ドレッシング

柚子の皮と果汁のさわやかさに
塩麹のうまみを加えて。
生野菜、蒸し野菜、湯豆腐にも。

材料（作りやすい分量）
柚子（大きめのもの）… 1個
塩麹… 小さじ$1/2$
オリーブオイル… $1/2$カップ
白ワインビネガー… 大さじ$1/2$

作り方
1 柚子は4等分に切り、果汁を搾る。白いわたを取り、皮は一口大に切る。
2 ミキサーに**1**と残りの材料を入れ、なめらかになるまで撹拌する。
*冷蔵で2週間ほど保存可能。固まったら湯煎で溶かす

レモン、ライム

夢の自家製マーマレード

以前、果物料理の連載をさせていただいたときに、取材で訪れた小田原のレモン農園。海が見渡せる高台にたわわに実ったレモンが印象的で、私も庭ができればマーマレードがたくさんできるくらい育ててみたいと思っていました。

市内で春と秋に開催される植木市。自転車で通りかかると、レモンの木がたくさん。テンションが上がりながら、主催者の方にいろいろと育て方をお聞きし、まずレモンの木1本と、なかなか市場に出ない湘南ゴールドを1本届けてもらい、適した場所に植えていただきました。また半年後の植木市でも、もう1本レモンの木を購入し、植えていただきました。

ライムは主人のすすめもあり植えました。出張で行ったメキシコで毎朝飲んだライムジュースがおいしかったようです。ライムもレモン同様、夏は緑で、涼しくなってくると黄色に完熟し、果汁も多くなります。中もクリアな黄緑色でとてもきれいです。ライムの清涼感ある香りは、葉も同じく。葉を摘んで、指で葉に少し切り目を入れるとレモンバーベナのような香りがして、リフレッシュしたいときに嗅いだり、持ち歩いたりしています。

【たまさんの園芸メモ】
まだ小さいので、よくなる年となりにくい年があります。葉っぱが黄緑色なので、黒い米粒のような虫が目立ちます。見つけたら水をかけて流すようにしています。花は春に白くてかわいいものが咲きます。少しだけシロップ漬けにして楽しみます。

レモンマーマレード

庭のレモンを使って念願の一品。種も一緒に煮込めば、砂糖が少なめでもとろりと仕上がります。

材料（作りやすい分量）

レモン…3個（約500g）

砂糖…ゆでたレモンの皮の重量の30〜40％

白ワイン…大さじ2

作り方

1 レモンは4等分に切り、果汁を搾る。わたを取り、皮は薄切りにする。種は取っておく。

2 鍋にレモンの皮とたっぷりの水を入れて火にかける。沸いたら弱火にして10分ほどゆで、ゆでこぼして、30分水にさらすのを2回繰り返す。

3 水けをきり、重量を量って、砂糖を用意する。種をガーゼでくるむ。鍋に皮と砂糖の半量、白ワイン、種を入れ、弱火にかける。10分ほど煮たら、残りの砂糖も加えてとろみがゆるくついてきたら火を止める。

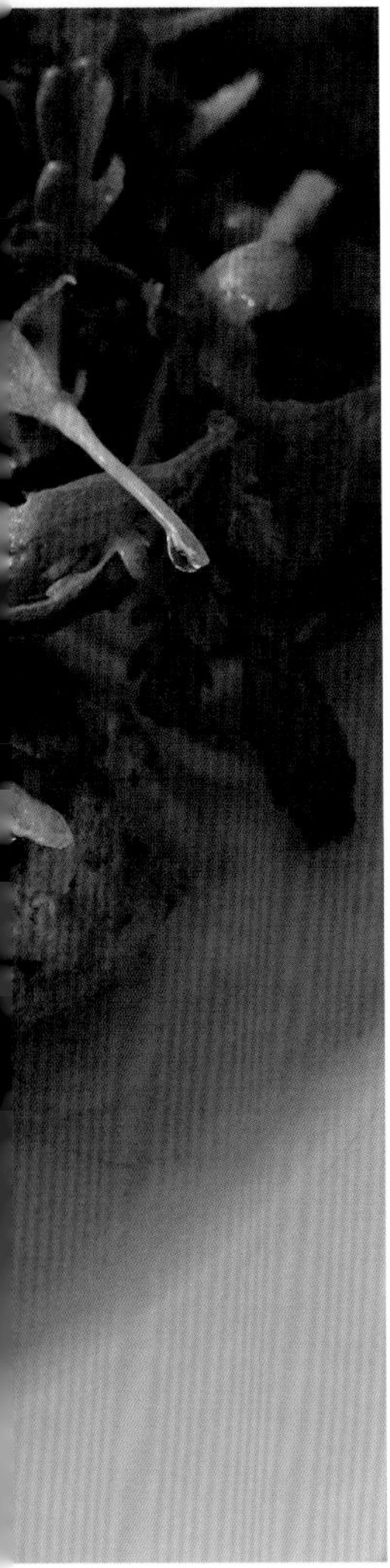

サルシッチャハンバーグ レモンマーマレードのサラダのせ

甘さ控えめのレモンマーマレードはドレッシングにも使えます。お肉には庭のセージをのせて、香りよく。

材料（8個分）

A
- 豚粗びき肉…500g
- 卵…2個
- 塩…小さじ2/3
- こしょう…少々
- イタリアンパセリ（粗みじん切り）…10g
- ローズマリー（粗みじん切り）…4g

オリーブオイル…大さじ2

セージ…8枚

白ワイン…80mℓ

B
玉ねぎの薄切り…適量
レモンマーマレード（p.136参照）…大さじ3～4

C
春菊…適量
オリーブオイル…適量

作り方

1 ボウルに**A**を入れてよくこね、8等分にして小判形にする。

2 フライパンを火にかけ、オリーブオイルを入れて**1**を並べ、上にセージを1枚ずつのせるⓐ。焼き色がついたら裏返し、白ワインを回しかけてふたをする。水分が飛び、肉に火が通ったら、火を強めて焼き色をつける。

3 **2**を器に盛り、和えた**B**と**C**をのせる。

ⓐ

パパラホテス

パパラホテスはレモンの葉にドーナツのような生地をつけて揚げた、スペインのお菓子。今回はライムの葉で作ってみました。
葉は食べませんが軽やかな風味が移ります。

材料（8個分）

ライムの葉…8枚

A
- 卵…1/2個分
- きび砂糖…大さじ2/3
- 牛乳…40mℓ
- 塩…少々

薄力粉…50g

ベーキングパウダー…小さじ1

揚げ油…適量

粉砂糖…少々

ライムのくし形切り…適量

作り方

1 ボウルに**A**を入れてよく混ぜ合わせる。薄力粉、ベーキングパウダーをふるい入れ、さっと混ぜ合わせる。

2 ライムの葉をところどころ手で切り目を入れて香りを出し、**1**の生地をまとわせて170～180度の油で両面がきつね色になるまで揚げる。

3 器に盛り、粉砂糖をふり、ライムを添える。

レモンハーブソルト

レモンの皮が余ったら、
お好みのハーブと塩を合わせて、
お肉や魚の下ごしらえや、
料理の仕上げに。

材料（作りやすい分量）
レモンの皮… 2個分
イタリアンパセリ… 少々
ローズマリー… 少々
塩… 大さじ2

作り方

1 レモンの皮、イタリアンパセリ、ローズマリーは粗みじん切りにする。

2 フライパンに**1**と塩を入れ、弱火でじっくりと水分を飛ばすように加熱する。全体にサラッとなったら火を止め、粗熱を取る。保存容器に入れて保存する。

＊常温で2カ月ほど保存可能

小さな冬野菜

カリフローレ、スティックブロッコリー、芽キャベツ

初心者向けの育てやすいものから

野菜嫌いのうちの家族もなぜかカリフラワーは大好きで、天ぷらの具の中でもえびを差し置いてカリフラワーが一番人気。わが家で立派なカリフラワーが採れればうれしいけれど、冬野菜は広い場所が必要で、葉物よりも時間がかかるイメージ。場所もそんなにとれないし、カリフラワーやキャベツなどの大きめの野菜は、私にはハードルが高いなあとホームセンターでウロウロと考えていたら、育てやすい初心者向け、と書いてあるポップを見つけました。そのコーナーには、カリフローレ、スティックブロッコリー、芽キャベツなどが置かれており、この程度の大きさならうちでも育つかなーと少しずつ苗を購入しました。

苗も細長く育つので、いつもの野菜のプランターに植えてみました。気温があまり上がらないので、夏野菜ほどみるみる大きくはなりませんが、徐々に背丈が伸びてきて、葉の中から小さな花を発見。葉が広がり、カリフローレがちゃんとできました。少し遅れて、スティックブロッコリーもできてきました。芽キャベツも、茎が太く葉もしっかりとつきながら、だいぶ大きくなりあともう少し。少し構造がわかってきたので、来年はカリフラワーにも挑戦してみたいです。

〘たまさんの園芸メモ〙

小さな場所で手軽に育てられるうえ、とても育てやすくておすすめ。1〜2月の真冬にたくさん収穫できました。カリフローレ、スティックブロッコリーは茎の部分が多く、甘く、食べやすい。1日1回朝に水やりをするだけです。

カリフローレと
レモンハーブソルトのパスタ

クリームパスタにカリフローレの
コクと甘みをプラスし、
レモンのさわやかさで食べ飽きない味に。

材料（2〜3人分）

カリフローレ… 80g
スパゲティ… 160g
生クリーム… 1カップ
レモンハーブソルト（p.139参照）… 適量
塩、こしょう… 各適量
パルミジャーノレッジャーノ… 適量

作り方

1 カリフローレは一口大に切る。かたいところは小さめに切る。

2 パスタ用の湯に少し塩味を感じるくらいの塩を加え、カリフローレを3分ほどゆで、取り出して、パスタをゆでる。

3 フライパンに**2**のカリフローレと生クリームを入れて火にかける。カリフローレを木べらで少しつぶしながら加熱し、ゆで上がったパスタとゆで汁少々を加えて混ぜる。

4 器に盛り、レモンハーブソルト、こしょうをふり、パルミジャーノレッジャーノをすりおろす。

金柑

温室栽培とは違う、特別な味わい

裏のお宅に大きな金柑の木があって、小さなキラキラのオレンジの実がかわいらしく、見るたびにやっぱりわが家にも欲しくなり、小さいですが、実なりのよさそうな金柑の木を買いました。買ったときはまだ色づいていなかった実も、師走のころにはオレンジ色に。

温室の金柑は大きくてやわらかく、苦みが少なく、甘くて生でも食べやすくなっていますが、露地ものの金柑は実が小さくかたく、種も多くて酸味もぎゅっとあってほろ苦く、私は断然こっちのほうが好きです。

生で食べるときは、薄くスライスしてざく切りにした白菜とサラダにするのがわが家の定番。庭のディルも少し加えたり。たくさんあればコンポートにしておきます。いつもは白ワイン、はちみつなどで煮ますが、おいしい三年熟成みりんがあるので、年末年始用にみりんで煮てみました。小さく引き締まった金柑の風味を損なわないように煮ます。お酒の香りも残っていて、年の瀬らしい味になり、おせちにも加えました。

春になったら日当たりのいい場所に植えるつもり。すくすくと育って、たくさんの実をつけてくれるといいな。

【たまさんの園芸メモ】

大玉金柑など、種類がいろいろあるのですが、小さいもののほうが実なりがいいといいます。実が青いときに購入し、どんどん色づいてきて、30個近く収穫できました。年末年始に使い、あと4～5個あったのに、カラスにとられてしまいました……。

金柑のみりん煮

せきやのどにもいい金柑は、冬にとりたい食材です。おせちや箸休めの一品、デザートにも。

材料（作りやすい分量）

金柑…100g

みりん…30mℓ

レモン汁…大さじ1

作り方

1 金柑はヘタを取る。

2 鍋に**1**と残りの材料を入れて水をひたひたに注ぐ。ペーパータオルをかぶせ、火にかける。沸騰したら弱火にして15分ほど煮込む。

椿、松葉

古い木々の花と香りに癒やされる

この家は築30年以上の物件で、梅の木はもちろん、建てられたころに植えられたような松の木と椿の木があります。椿の木は4種類ほどあります。早春には薄ピンクや、白、深紅のベルベットのような花が咲き乱れます。わが家では一番鮮やかな花たちは、散るときも潔くぽたっと落ちて、まるで椿の絨毯のような華やかさ。そんな艶やかな花びらは、砂糖とレモンと一緒に炊いてジャムにしたり、アルコールに漬けてティンクチャーにしたりできると教えてもらいました。来年は、落ちる前に摘んで作ってみたいと思います。

お隣さんとの境目の中心には、立派な松の木。今年は、とくに伸びがよく、夏はサボテンのようになったので少し散髪をしてスッキリと。切った松からは、針葉樹独特のすーっとしたにおい。空気も浄化されて、森林浴をしたような気分でした。松葉の効能も素晴らしくて、動脈硬化の予防や疲労回復、コレステロールのコントロールなどうれしい効果もあるらしく、お茶に少し入れたりしています。ごはんを炊くときに1~2本加えると、ごはんもピカピカに炊けます。お正月には、門飾りにしたり、おせちの黒豆を松葉に刺したりと、ありがたく使わせてもらっています。

椿

松葉

【たまさんの園芸メモ】
椿は花だけでなく、ツヤツヤの葉っぱも魅力。松の剪定は夫がしてくれました。アトリエの前なので、窓からの景色がよくなるよう、見通しをよくしました。

椿餅

シンプルな日本最古の餅菓子。
道明寺粉のみずみずしさと
ツヤツヤの葉が、魅力的です。
冬から春に食べたいおやつ。

材料（5個分）

椿の葉…10枚
道明寺粉…100g
水…160mℓ
砂糖…大さじ½
こしあん…100g

作り方

1 器に道明寺粉と水を入れてよく混ぜ合わせ、30分ほどおいて浸水させる。砂糖を加え、よく混ぜ合わせる。

2 蒸気の上がった蒸し器に器ごと入れ、中火で10分蒸す。

3 手水をつけ、**2**を5等分にして丸め、こしあんも同様に5等分にして丸める。

4 餅を手のひらで押して平らにし、丸めたあんこを包む。椿の葉2枚で挟む。

column 03

飾って楽しむ庭

暮らしの中に四季を感じられるように、
きれいな瞬間の草花をそっとそばに置いておくという感じです。

レモングラスのお飾り

ぐんぐん伸びたレモングラスは、お茶にもたくさんしましたが、まだ2苗分あり、寒さに弱いので、今年作ったアトリエのお飾りにしました。さっと束ねて水引で結んだだけですが、扉を開ける度にさわやかな香りが鼻に抜けて、呼吸が整う感じで、新たな門出にピッタリです。

ぽたっと落ちた椿だったり
枯れ葉やハーブの花だったり、
葉脈だけになった葉っぱだったり。
器は料理に使っているものですが、
草花に使うとまた新鮮です。
この家に暮らすようになって、
母へのお供えの花も庭から見繕って
四季折々、私がきれいだと思う草花を
飾るようになりました。

利休梅で作る餅花

去年の年末、余った上新粉での餅花作りが楽しかったので、今年もチャレンジしました。

今年は紅麹で色をつけたお餅と白いお餅をゆでて、やわらかくしたものを使いました。

しだれ柳は庭にはないので、代わりに細めの利休梅の枝に、紅白の餅を熱いうちに交互につけていき、冷まして固めます。

椿、松の葉は皿に盛って

早咲きの赤い椿がぽたっと落ちていたので、門飾りには小さくて使わなかった松と一緒にアンティークの器に合わせて。なんだかお正月らしくなりました。

梅の花を水に浮かべて

春の強い風で落ちてしまった梅の花。もったいないので、器に水を少し張り、梅の花を浮かべて。まだまだきれいでいい香り。

レモングラスの葉を三つ編みに

少し傷んだり、変色したところがあるレモングラスの葉を、3本切って三つ編みにしてみました。ガラスの一輪挿しに挿して、キッチンの出窓にお守りのように飾ってみました。朝、白湯を沸かしている間に嗅いで、1日を始めます。

ジャスミンの花を摘んで

ジャスミン茶を作るために切ったジャスミンのつる。つるから花だけを摘むと、強い香りからは想像できない可憐さ。きれいでしばし眺めています。

しそのブーケ

過ごしやすい秋晴れの日。まだまだしその葉が小ぶりながらも茂っています。花穂もでき、花も咲いてきました。葉と花穂じそを合わせて小さなブーケに。青じそは緑の葉と白い花、赤じそは紫の葉とピンクの花のブーケができます。

おわりに

食いしん坊ぶりがよく出ている
私たちの庭はまだまだ、発展途上です。
この本の撮影中も
エルダーフラワー、すだち、カモミール、山椒などの
苗木を買い足し、新たにプランターも増やしました。
まだまだ理想の庭づくりのために
いろいろと植えてみる予定です。

収穫はもちろん楽しみですが
春には春の、夏には夏の、
秋には秋の、冬には冬の、
植物たちのリズムがあり、個性があり、
私たちに知らせてくれています。